하룻밤에 읽는
B2B 마케팅

일러두기
- 한글맞춤법과 외래어 표기법에 따랐다. 다만 예외적으로 표기 형태가 고착된 고유
  명사나 브랜드명, 제품명 등은 일반적으로 사용하는 명칭을 사용했다.
- 업계 전문용어의 경우 외래어 표기법에 어긋나더라도 업계에서 관례적으로 쓰는
  표기법을 따른 것이 일부 있다.

글로벌기업으로 지속 성장하기 위한 5가지 질문

하룻밤에 읽는 B2B 마케팅

B2B Marketing to Master in One Night

정민아 지음

블루오마주

중견·중소기업 CEO의
비즈니스 지침서이자 영업사원 교육서

진주완, 삼익THK 사장

한국의 B2B 중견·중소기업들이 마케팅까지 신경 쓸 겨를이 없는 것은 사실이다. 그렇다고 고민조차 없는 것은 아니다. 어떻게 새로운 고객을 확보하고, 새로운 시장에 나아가고, 새로운 제품군을 시장에 알릴 수 있을까? 이 점에 대해 항상 생각하고 걱정하고 해답을 찾기 위해 여러 사람을 만나보고, 책을 읽고, 전문가를 만난다. 하지만 한 발짝 앞으로 나아갈 수 있게 하는 솔루션을 접해보지 못했기 때문에 주저하고 있었다고 과거를 항변하고 싶다.

이 책을 읽으면서 이런 생각이 들었다. 저자가 혹시 우리 회사에 다녀간 적이 있나? 우리 회사 주간 회의에 매주 참여하는 사람인가? 어떻게 우리 회사를 이토록 속속들이 다 아는 걸까? 깜짝 놀라는 대목이 하나둘이 아니다. 그만큼 대한민국 중견·중소기업의 현실을 적나라하게 짚어주고 있다는 말이다.

먼저 이 책은 현실에 만족하지도 않으면서 안주하는 듯 보이는 작금의 현실에 대한 이해에서 출발한다. 무엇부터 시작해 하나씩 바꿔가야 하는지 꼼꼼하게 짚어준다는 의미에서 중견·중소기업 CEO를 위한 기업 운영 지침서 같은 책이기도 하다. 마케팅 실무자들의 업무 지침서인 동시에 영업 담당자들에게는 디지털 및 AI 시대의 영업을 재정의해주고 어떻게 대비해야 하는지 알려준다. 그런 측면에서 보자면 이 책은 B2B 영업 교과서이기도 하다.

이 책을 가장 추천하고 싶은 독자는 중견·중소기업 C레벨이다. 이 책을 읽고 나면 우리 회사 비즈니스 모델의 문제가 무엇인지 알 수 있을 것이다. 지금까지 내부에서 고민했던 것과 전혀 다른 시선으로 현재 비즈니스 모델의 문제점을 짚어주고 있기 때문이다. 한국기업 대부분은 비즈니스를 하는 것이 아니라 용역 서비스 제공에 머무르고 있다는 일침에 정신이 번쩍 들었다. 아마 다른 독자들도 나와 같은 느낌을 받지 싶다.

나아가 지금까지 외부에서 찾았던 문제를 내부에서부터 깊이 성찰하는 계기가 될 것이다. 그뿐만이 아니다. 이 책은 현재 마케팅 부재의 원인이자 해결책이 바로 C레벨의 인식이라는 점을 명확하게 해준다. 비교 대상으로 제시되는 해외 사례들을 보면, 한국의 중견·중소기업의 문제가 무엇인지 선명하게 드러난다. 기업의 모든 문제와 솔루션이 그러하듯 마케팅 또한 오너와 C레벨이 결자해지해야 할 숙제라는 것을 깨닫게 될 것이다.

다음으로는 중견·중소기업의 영업 담당자들이 꼭 읽었으면 좋겠다. 이 책은 마케팅을 이야기하는 것처럼 보인다. 하지만 근본적으로는 영업과 마케팅의 역할이 디지털 및 AI 시대에 어떻게 바뀌어야 지속가능한 비즈니스를 할 수 있는지 조언한다. 특히 견적에 좌우되는 영업에 머무르는 이유를 고객의 관점에서 정확하게 짚어준다. 이처럼 영업사원들이 본인의 현재를 점검하고 앞으로 어떻게 달라져야 할지를 고찰하게 만드는 책이기에 마케팅 부서보다 영업사원들이 먼저 읽었으면 한다.

이 책을 읽은 영업사원은 마케팅이라는 무기를 하나 더 갖게 되는 셈이다. 회사 내에서 협력하고 경쟁하는 기존의 마케팅에서 벗어나 한층 더 새로운 기회를 갖게 될 것이다. 디지털 및 AI 시대에 나의 영업에 부가가치를 부여해줄 진정한 영업을 위한 마케팅을 이해하게 될 테니 말이다.

마케팅 부서가 강하면 강할수록 영업이 고객과의 관계를 더 잘 만들어갈 수 있고, 더 많은 매출을 확보할 수 있다.

B2B 기업 마케팅 담당자라면 당연히 이 책을 읽어야 한다. 우리 회사가 어디까지 왔는지, 앞으로 무엇을 해야 하는지를 점검하는 체크리스트로 삼고 일상의 업무에 적용하길 권한다. 하지만 이 책의 코어 타깃은 중견·중소기업의 오너와 CEO다. 따라서 마케터 개인의 체크리스트로 머물면 의미가 없다. 반드시 오너와 CEO들이 기업의 조직과 문화에 적용해야 가치를 발휘할 수 있다.

웹사이트를 오픈하는 데 19가지 단계가 있다는 실무적인 내용도 놀랍고 웹사이트의 목적이 잠재고객 발굴이라는 사실도 생소하다. 그런 목적과 단계가 있는 줄 몰랐다. 일단 필요하니 구축을 시도해본 것이 지금까지의 현실이다. 이제 하나를 하더라도 주먹구구식의 대응이 아닌 기업의 비즈니스 목표와 전략이라는 큰 그림 아래 체계적으로 해야겠다는 결심이 선다.

이 책에서 언급한 것처럼 기업이 배움의 플랫폼이 되어야 한다. 잘 구축된 우리 회사 마케팅 부서에서 일한 직원들이 마케팅 전문가로 성장할 수 있도록 해야 한다. 또한 체계적인 시스템을 갖춘 마케팅팀과 협업한 영업사원들이 디지털 및 AI 시대에 영업 전문가가 될 수 있도록 마케팅 플랫폼을 구축해주어야 한다. 그것이 대한민국 중견·중소기업 오너와 CEO의 최우선 과제가 되어야 할 때다.

한국 기술 기업이 글로벌기업으로
성장할 해법이 담긴 책

신경호, DGIST 연구부총장 겸 융합연구원장

한평생을 과학과 기술 분야에 종사해온 과학자이자 엔지니어로서 '기술이 곧 경쟁력이다'라고 굳게 믿어왔다. 그래서 KIST^{한국과학기술원}에서 대외협력본부장을 역임하며 케이클럽 K-Club을 만들었다. 그리고 유망한 융합혁신기술을 가진 국내 강소기업을 모아 '기술이 곧 경쟁력'이라는 캐치프레이즈 아래 세계를 무대로 꿈을 키울 수 있도록 지원했었다. 매우 탁월한 기술을 가지고 있으면서도 기대만큼 성장하지 못하는 기업들을 보면서 항상 안타까운 마음이었는데, 이 책에서 그 해답을 찾을 수 있었다.

마케팅 없이는 탁월한 기술과 제품이 꼭 필요한 고객을 만나기 어렵다. 마케팅을 안 하면 고객만 못 만나는 게 아니다. 이 기술을 더 확장해줄 파트너를 찾는 것도 힘들 수 있다. 시장에서 성공하려면 제품을 시장에 내놓는 데 만족해선 안 되며, 꼭 필요한 기업이 시장에 나온 그 놀라운 기술과 제품을 알 수 있도록 해야 한다. 그래야 기술 기업이 진정한 숙제를 다 한 것이다. 지금까지 R&D 중심으로만 생각했기 때문에 제품을 만들어 시장에 내놓기만 하면 해야 할 일을 다 했다고 생각한 것이 사실이다.

실리콘밸리 기업들은 안정적인 투자를 기반으로 기술과 제품을 세상에 알릴 수 있는 콘텐츠 마케팅을 진행하고, 고객을 발굴하기 위해 디지털상에서 많은 활동을 한다. 이에 반해 한국의 기술 기업은 아직도 CES 혹은 관련 업계 전문 콘퍼런스 참여 정도를 가장 큰 마케팅 투자로 생각한다. 콘퍼런스 참여는 1년에 한 번 있는 행사인데, 그러다 보니 이벤트가 있을 때만 간헐적·수동적으로 참여하는 것을 당연시 여긴다.

이제 생각을 바꾸고 행동에 옮겨야 할 때다. 기술 개발이 끝나 제품으로 상용화 단계까지 도달했다면, 이제부터는 한국을 넘어 전 세계 시장을 대상으로 마케팅을 고려해야 한다. 이것이 한국의 기술 기업과 실리콘밸리 기업의 차이라는 점을 이 책을 읽으면서 다시 한번 생각하니, '아차' 하는 생각이 든다. 체계적으로, 조직적으로 마케팅을 할 수 있도록 지원하는 실리콘밸리의 일하는 방식을 빨리 한국기업들도 내재화해야 할 때다.

이 책에서 가장 인상적인 대목은 고객과의 관계다. 그중에서도 '고객이 문제로 인식조차 못 하는 것을 찾아내 문제'라고 정의를 내려줘야 한다는 부분이다. 실제로 기술 기업들이 개발하는 신기술이 모두 여기에 해당한다. 이 신기술과 제품을 통해 기업들은 생각지 못했던 혜택을 누리고, 공정을 단순화하고, 생산 주기를 단축시키고 비용을 절감할 수 있다.

기술 기업들은 대체로 세상에 없던 물건을 내놓기 때문에 설명하기 힘들고, 고객을 모으기 어려울 때가 많다. 이 지점에서 우리 모두 발상을 전환해야 한다. 본인들의 활동이 진정한 블루오션을 만드는 것이라 여기고, 시장과 고객을 적극적으로 교육해 개발회사가 경쟁사 없이 시장의 리더가 될 수 있는 기회로 만들 필요가 있다. 반복적인 교육을 통해 필요성을 인식시키고, 생각지도 못한 시장까지 확대되는 즐거운 경험을 해보자.

정부와 투자사의 관점도 바뀌어야 한다. 지금까지 한국의 관행은 개발까지는 적극적으로 지원해주지만, 개발 이후 상용화를 통해 시장에 데뷔한 다음에는 알아서 해야 할 숙제라고 맡기는 경향이 있었다. 마케팅이 부가적인 것이라는 인식이 깔려 있기 때문이리라. 피터 드러커의 말처럼 혁신과 고객 창출만이 진정한 비즈니스라는 점을 염두에 둔다면 혁신을 통한 제품 개발과 함께 고객을 창출하는 전반에 대한 지원이 그 어느 때보다 필요하다. 실리콘밸리의 투자사들은 공식처럼 마케팅 조직을 규모에 맞게 키우도록 한다고 한다. 이는 벤치마크해야 할 부분이다.

세계 경제가 점점 더 혼란스럽고, 패권화되고 있는 상황에서 한국 기술 기업들이 돌파구를 찾으려면 혁신하고 있음을 제대로 알려야 한다. 그러기 위해 마케팅에 눈을 뜨고 하나씩 체계적으로 적용해보는 것이 기술을 개발하는 것만큼 절실하고 절박한 일임을 이 책을 통해 꼭 확인하길 바란다. 기술 기업 창업자들에게 일독을 권한다.

차례

1 우리 회사는 이 업을 몇 년 더 할 수 있을까?

2 우리 회사가 아는 고객이 전부일까?

6 우리 회사는 다이렉트 세일즈와 디지털 마케팅, 준비 완료?

실리콘밸리 기업들의
진짜 자산은 무엇일까?

실리콘밸리 기업들과 30여 년을 함께 일해오면서 그들의 일하는 문화가 무척 부러웠다. 하지만 부러워만 하고 있을 순 없었기에 직접 관찰자로 참가해 알아보기로 했다.

미국 실리콘밸리의 교육 회사 중 하나인 글로벌라이즈 Globalize는 링크드인LinkedIn으로 교육생들을 직접 모집한다. 전세계 창업자들을 모아 실리콘밸리의 유명 벤처 캐피털Venture Capital, VC 및 스탠퍼드대학 교수들에게 창업 및 투자유치 등의 활동을 직접 배운다. 그뿐 아니다. 벤처캐피털들이 주관하는 피칭 행사에 참석 및 참관하고 버클리대학이 운영하는 창업지원

센터를 방문한다. 현지 스타트업과 벤처 캐피털들을 만나고, 그들의 일하는 방식을 배워 실리콘밸리 창업 및 성장 문화를 전 세계로 이식하는 데 중점을 둔 교육 프로그램을 진행한다.

왜 모두 실리콘밸리를 배우고 싶어 할까?

글로벌라이즈 코호트 14기Cohort 14로 선발되어 실리콘밸리에서 일주일 동안 교육을 받았다. 같은 기수의 교육생들은 영국, 호주, 나이지리아, 콜롬비아, 브라질, 노르웨이, 베트남, 태국, 싱가폴, 아르헨티나, 체코, 파키스탄, 인도 등지에서 온 열정적인 창업자들이었다. 샌프란시스코 공항까지 직항을 타고 온 사람은 한국인뿐이었고, 다들 몇 번의 경유를 통해 힘들게 실리콘밸리에 모였다.

창업 아이템을 가진 20대부터 60대까지 다양한 연령의 사람이 전 세계 모든 대륙에서 모여들어 창업가정신과 펀드레이징을 배웠다. 참여자 대부분이 이미 자신의 기업을 어느 정도 성장시켜놓은 상태였다. 그럼에도 그들은 디지털 혁신 시대를 맞아 AI 및 클라우드를 연결해 어떻게 하면 추가적인 사업 아이템을 현실화할지에 대해 궁금해했다. 이런 공통 질문을 갖고 한 자리에 모여 그들은 실리콘밸리식의 도전과 성취를 꿈꾸었다.

벤처캐피털의 투자, 누군가는 성공하고 누군가는 문을 닫는다

창업을 고려하면 실리콘밸리의 벤처캐피털 시스템만큼 부러운 게 없다. 실리콘밸리에서 창업해 벤처캐피털의 투자를 받으면 비즈니스를 어떻게 확장해야 하는지 등의 가이드라인까지도 벤처캐피털이 제시해준다. A시리즈를 받으면 준비해야 할 것, B시리즈를 받으면 갖춰야 할 것, C시리즈를 받으면 추진해야 할 것들이 공식처럼 정리돼 있다. 이에 따라 조직 확장을 장기적인 관점에서 체계적으로 진행할 수 있다. 창업자의 개인기에 의존하지 않고 기업이 시스템을 통해 운영될 수 있도록 기반을 만들어주는 것이다.

물론 벤처캐피털과 좋은 관계를 유지하는 일은 결코 쉽지 않다. 때로는 벤처캐피털과의 잘못된 만남이 창업 실패로 직결되기도 한다. 그럼에도 창업하고 성장하는 과정을 함께할 수 있는 전문가를 만난다는 것은 행운임에 틀림없다.

2012년 하반기, 실리콘밸리의 세 개 스타트업이 마케팅과 PR을 동시에 의뢰해왔다. 세 개 회사 모두 한국이 거의 최초의 해외 지사였기에 창업자들을 모두 만나볼 수 있었다. 이들 회사를 보면서 실리콘밸리에서의 창업, 성장, 해외 진출, M&A 등 다이내믹한 상황들을 간접적으로 경험할 수 있는 기회가 되기도 했다. 그런데 흥미로운 점이 있었다. 2012년 당시 이 세 회사들은 규모가 비슷했지만, 시간이 흐른 현재 상황은 매우 다르다는 점이다.

이들 중 A회사는 놀라운 혁신을 거듭하며 자신의 브랜드로 세상을 바꾸는 데 성공했다. 벤처캐피털에서 지속적으로 투자를 받으며 놀라운 속도로 조직이 확장되었고, 순식간에 글로벌 기업으로 올라섰다. 이후 IPO^{Initial Public Offering}를 했고, 상장 후 개발자 출신 창업자 CEO는 바로 쫓겨났으며, 잘 알려진 공룡 기업에서 새로운 CEO가 왔다. 그렇게 A회사는 지금 전 세계에 지사를 두고 있으며 매우 활발하게 비즈니스를 펼쳐 나가는 중이다.

이와 달리 보안 기술 기업이었던 B회사는 유럽의 더 큰 기업에 인수되었다. C회사는 CEO가 여러 차례 바뀌더니 결국 2019년 5월, 추가 펀딩을 받지 못하고 문을 닫았다.

지속적인 성장과 매출 창출을 위해 마케팅 조직 세팅에 주력

초기 투자를 문제없이 받았던 이들 세 개 회사에는 공통점이 있다.

전형적인 B2B 기술 기업이었지만 벤처캐피털의 투자를 받은 후에는 마케팅 조직을 세팅했고, 마케팅 조직의 명확한 역할과 책임에 맞춰 업무를 진행했다. 처음 우리 회사와 함께 일했을 때는 한 사람이 혼자서 마케팅을 담당했다. 하지만 곧 제품 마케팅과 마케팅 커뮤니케이션으로 양분해 마케팅 조직을 세팅했다. 이후에는 마케팅 커뮤니케이션팀을 PR 담당, 웹사이트 담당, 소셜미디어 담당, 캠페인 담당, 콘텐츠 마케팅 담당으로 세분화했다.

그뿐만이 아니다. 미국 내 담당자와 글로벌 담당자로 역할을 더 세분화했다. 빠르게 성장하던 이 회사들과 일을 하는 동안 거의 분기에 한 번씩 바뀌는 담당자들에게 우리 회사가 그동안 누구와 어떤 일을 어떻게 해왔는지를 설명해야 했다. 조직이 계속 세분화되고 아태지역이 완전히 세팅되고 나서야 안정적으로 일할 수 있었다.

이처럼 비즈니스가 영속성을 갖추고 지속적으로 시장을 창

출하는 역량을 갖추기 위해서는 제대로 된 마케팅 조직의 세팅
이 무엇보다 중요하다. 그런데 한국의 경우 스타트업은 물론이
고 중견·중소기업에 이르기까지 마케팅이라는 조직 자체가 없
는 경우가 대부분이다. 마케팅 조직의 역할과 책임이 불분명하
고, 해당 포지션이 무슨 일을 해야 하는지 정해져 있지 않은 것
이다.

B2B 기업, 왜 마케팅에 집중해야 하는가?

마케팅 부서에서 일한다고 하면 BTS와 광고라도 찍는 거냐
고 묻는 사람들이 많다. B2B와 B2C에 대한 개념 인식이 부족
해서다. B2C 마케터에게 광고 캠페인은 매우 중요한 마케팅 활
동이다. 하지만 B2B 브랜드를 담당하는 마케터에게 광고는 여
러 마케팅 방법 중 하나일 뿐이다.

B2B 마케터들의 경우 잠재고객을 만나는 국내외 대형 콘퍼
런스와 전시회 준비가 업무 중 상당히 큰 비중을 차지한다. 그
런 이들에게 코로나 팬데믹은 큰 충격이었다. 코로나 이후 대형
콘퍼런스와 전시회는 대부분 취소되었고, 일부 행사는 가상 웨

비나^{webinar} 형태로 진행되었다. 하지만 이런 활동들은 전혀 인터랙티브하지 않았으며 결정적으로 잠재고객을 만나지 못했다. 하지만 나쁘기만 했던 건 아니다. 이러한 돌발 변수로 인해 기업들이 마케팅에 대해 다시 한번 점검하는 계기를 가졌으니 말이다.

마케팅은 잠재시장과 고객을 발굴하는 과정

코로나 발생 이후 많은 B2B 기업들이 디지털 마케팅의 필요성을 느꼈으며 '무엇을 어떻게 시작해야 하는지' 문의했다. 컨설팅을 요청하는 고객들과의 초기 대화에서 가장 많이 들은 말은 무엇일까? 바로 "우리 고객은 정해져 있고, 우리는 이미 시장과 고객들을 잘 알고 있다."라는 것이다. 바로 여기에 마케팅에 대한 첫 번째 오해가 있다. 이미 다 아는 고객을 관리하는 일은 영업의 역할 중 하나일 뿐이다. 마케팅은 여기서 한발 더 나아가야 한다. 더 큰 잠재시장을 보고 잠재고객을 발굴하는 역할을 해야 하는 것이다. 수요와 고객은 개발하기 나름이지 고정되어 있는 것이 아니기 때문이다.

새로운 의사결정권자인 밀레니얼 이해가 최우선

B2B 마케팅을 하려면 먼저 인지도를 높이고 잠재고객을 확대해나간다는 목표를 정해야 한다. 그 목표에 맞춰 시기별로 최적의 마케팅 전략을 수립하고, 잠재고객들이 이용하는 다양한 채널을 통해 일관된 메시지를 채널 특성에 맞는 콘텐츠 형태로 제공해야 한다. 또한 잠재고객이 스스로 대화를 시작하기 위해 연락처나 메시지를 남기도록 하는 일이 비즈니스의 출발점이다.

특히 B2B 시장의 새로운 의사결정권자로 성장한 밀레니얼 세대를 제대로 이해하고 있어야 한다. 그들은 스스로 검색해 관련 브랜드를 찾아내고 브랜드에 대한 리뷰를 꼼꼼히 살펴본 후 업체를 평가한다. 그러한 평가를 토대로 60퍼센트 이상 마음을 결정한 상태에서 영업사원에게 문의한다. 밀레니얼의 90퍼센트 이상이 콜드 콜Cold Call에는 반응하지 않는다는 조사 결과도 있다. 즉 잠재고객이 스스로 대화를 희망해야 접점이 생긴다는 말이다. 계속 문을 두드리면 언젠가 열릴 거라는 생각은 구시대적인 발상이다.

디지털 시대에 맞는 채널과 콘텐츠인지 점검할 것

그다음 많이 듣는 이야기는 "우리는 이미 전시회에도 나가고, 전문지에 광고도 하고, 소셜미디어 채널도 있는데 뭘 더 해야 할까요?"이다.

고객 구매 의사결정 과정의 모든 접점을 놓치지 않고 있는지를 점검해야 제대로 된 마케팅이 가능하다. 전시회, 광고, 페이스북 등 단편적인 활동을 마케팅이라 할 수는 없다. 잠재고객과의 접점을 확대해가며 지속적인 대화를 이끌어가는 것이 바로 오늘날의 시장이 원하는 마케팅이다. 산업별 특성도 고려해야 한다. '인지→관심→고려→비교→구매→지지'로 이어지는 고객의 구매 여정에서 채널과 콘텐츠의 적합성을 감안해야 한다. 디지털 시대에 적합하며 새로운 의사결정권자들을 공략할 수 있는 채널과 콘텐츠인지 점검하는 과정이 반드시 필요하다.

이때 온드미디어Owned Media, 기업이 소유하고 있는 미디어 채널, 언드미디어Earned Media, 언론사나 인플루언서처럼 타사 혹은 타인이 소유하고 있으나 우리를 콘텐츠로서 다뤄주는 채널, 페이드미디어Paid Media, 광고처럼 돈을 내고 우리의 콘텐츠를 실어주는 채널 사이에서 일어나는 시너지를 극대화하는 것이 중요하다.

자사 인스타그램 프로모션, 포털 키워드 광고, 언론사 기사 중 한두 개만으로는 충분하지 않다. 이 세 가지가 조화롭게 효율적으로 노출되어야 잠재고객의 레이더망에 들어갈 수 있다.

가장 중요한 것은 전략 수립과 KPI 설정

하지만 이 모든 활동을 시작하기 전에 반드시 해야 할 일이 있다. 마케팅 전략을 수립하고 측정 가능한 KPI^{Key Performance} Indicator를 설정하는 것이다. 기업들에게 "마케팅 효과를 측정하는 KPI를 어떻게 설정하세요?"라고 질문하면 대답하지 못하는 경우가 많다. 디지털 시대의 마케팅은 모든 것을 수치화할 수 있어야 하는데 그렇지 못한 것이다.

전략을 수립하고, 마케팅 조직 내의 역할과 책임Role and Responsibility, R&R을 설정하고, KPI를 세팅하는 큰 그림을 먼저 그려라. 그런 후 메시지 전략, 미디어 전략, 채널 전략, 콘텐츠 전략을 수립해야 흔들림 없이 나아갈 수 있다. 그런 것들이 탄탄하게 자리 잡고 있어야 즉흥적인 의사결정을 막고 예산 낭비 없는 체계적이고 효과적인 마케팅이 가능해진다. 명확한 전략과 KPI가 있어야 마케터 한 명의 개인기가 아니라 조직으로서의 마케팅팀이 견고해진다.

예를 들어보자. 어떤 해는 크리에이티브를 중요하게 생각하는 마케터가 와서 화려하고 재미있는 콘텐츠 개발에 전력을 쏟는다. 그러다 다음 해에는 숫자 중심의 마케터가 와서 광고의 효과ROAS와 리드당 단가를 낮추는 데만 주력한다. 또 그다음 해에 온 마케터는 글로벌 시장을 위한 다국어 서비스가 중요하다며 번역에 집중할 것을 요구한다. 사실 이런 식의 일이 실제로 많은 조직에서 매년 일어나고 있다. 이보다 더 심한 경우도 있다. 회장님이 어제 누구를 만났느냐에 따라 마케팅팀의 오늘 할 일이 바뀌기도 한다.

이처럼 리더 혹은 마케터의 관심과 역량에 의해 편향된 마케팅은 가급적 지양해야 한다. 그런 식으로는 지속적 성장을 담보하는 마케팅 활동을 펼칠 수 없다. 회사의 비즈니스 목표와 시장 창출이라는 큰 그림을 위해 매진하는 마케팅팀이 되기 위해서는 전략 수립과 KPI 설정이 최우선이다.

B2B는 영업이 전부라는 생각, 다시 한번 점검하자

여전히 많은 이들이 'B2B의 핵심은 영업이며, 마케팅팀은 콘퍼런스를 준비하는 팀' 정도로 인식하고 있다. 편견과 오해임이 분명하지만 평균의 한국 중견·중소기업 오너와 대표, 영업대표, 마케팅 부서 사람들 상당수가 이런 생각을 하고 있다. 이책을 쓴 이유는 바로 이런 이들을 위해서다.

이 책이 한국의 중견·중소기업들에게 도움이 되었으면 좋겠다. 그들이 특정 고객이 주는 '용역'에 안주하지 않고, 스스로 시장을 창출할 뿐 아니라 고객을 발굴하는 진짜 비즈니스를 하기를 바란다. 나아가 해외로 비즈니스 기회를 확장해 글로벌기업으로 성장하기를 기원한다. 오해와 편견에서 벗어나 새로운 관점을 가질 수 있다면 더할 나위 없겠다.

SUSTAINABILITY

우리 회사는 이 업을
몇 년 더
할 수 있을까?

1

성공적인 브랜딩을 통해 쌓아 올려진 기업의 가치는

그 어떤 기업 자산보다도 값진 것이 되며,

이후 비즈니스 영속성에 큰 영향을 준다.

기업의 지속가능성장을 위한 핵심이

성공적인 마케팅과 브랜딩에 달려 있음을 기억하자.

01 지속가능성장의 비밀은 어디에 숨어 있나?

"회장님, 현재 사업을 몇 년 더 하실 수 있다고 생각하세요?"

중견·중소기업 오너들에게 이런 질문을 하면 어떤 대답을 할까? 도발적인 질문에 화를 낼 수도 있고 깊은 한숨을 내쉴 수도 있다. 혹은 기다렸다는 듯 멋지게 답변할 수도 있다. 어쨌든 답하기 쉬운 질문은 아니다.

팬데믹을 거치면서 고객의 눈높이가 완전히 달라졌으며, 이에 대응해야 하는 회사 내 직원들의 일하는 방식도 변화하고 있다. 국제 정세와 경제 상황은 불확실성으로 널뛰고 있지만, 고객과 직원들의 달라진 눈높이는 바뀌지 않는 새로운 기준이 되어버렸다. 변수와 상수가 과거와 달라졌기 때문에 이전과는 다른 전략이 필요하다. 그러니 앞서 던진 질문에 대답하기가 쉽지 않은 게 당연하다.

그렇다고 손을 놓고 있을 수는 없잖은가. 어려운 상황이라 해도 기업은 수명의 한계가 있는 개인과 달리 주주의 의지에 따라 불로장생不老長生할 수도 있는 존재다. 유럽과 미국에서는 장수기업들이 혁신과 도전을 반복하며 시장을 이끌어가고 있다. 또한 강력한 리더십을 보여주며 과감하게 도전하는 젊은 기업문화를 생생하게 유지하기도 한다. 이 기업들을 살펴보며 힌트를 얻을 수도 있을 터다.

장수기업 코닝, 쿠어스, 생고방의 비밀

실패를 두려워하지 않는 기업문화를 가진 코닝

미국 B2B 소재 기업인 코닝Corning은 1851년에 설립되어 170년 이상 장수한 기업이다. 에디슨이 전구를 만들 때 백열등의 유리를 함께 개발했던 코닝은 현재 유리에 대한 지속적인 연구개발을 아끼지 않고 있다. 그 결과 휘어지는 유리, 반사가 거의 되지 않는 유리 등 다양한 제품을 내놓으며 유리에 대한 통념을 깨는 행보를 하는 중이다.

이 놀라운 소재 개발이 원동력이 되어 코닝은 휴대폰 같은 모바일 시장, 광통신 네트워크 시장, 헬스케어 등 다양한 분야로 비즈니스를 확장하고 있다. 그뿐인가. 전 세계를 대상으로 비즈니스를 하는 글로벌 최고의 소재 기업으로 자리했다. 코닝이 젊은 기업문화를 유지하면서 장수기업의 행보를 보여주는 것은 어떤 이유 때문일까? 기업의 CEO를 비롯해 연구소 수장들은 인터뷰와 기고문을 통해 '실패를 두려워하지 않는 기업문화'를 일관되게 꼽는다.

멈추지 않는 도전으로 사업을 확장시킨 쿠어스

미국의 가족회사 쿠어스Coors는 아돌프 쿠어스가 1868년 독일에서 미국으로 이민을 와 1873년 덴버에서 처음으로 맥주 양조장을 만들면서 시작되었다. 쿠어스 맥주는 지역 광부들 사이에서 인기가 많았다. 하지만 당시 미국에서 금주령이 내려지자 불가피하게 새로운 도전을 해야 할 상황에 직면하고 만다. 쿠어스는 도자기 사업 및 도자기로 만든 약품 사발 등이 큰 성공을 거두면서 극적으로 변신에 성공했다.

1920년대에 에디슨을 포함한 당대의 위대한 발명가들이 쿠어스의 제품을 실험 도구로 선택했다. 게다가 제1차 세계대전이 일어나며 독일산 수입이 전면 금지되자 실험 도구 시장의 수요를 확보해 안정적으로 성장할 수 있었다.

쿠어스는 거기서 멈추지 않고 비즈니스 영역을 확대했다. 실험 도구 생산을 넘어 세라믹 영역으로 확대하면서 쿠어스텍CoorsTek이라는 기술 기업을 탄생시켰다. 엔지니어링 세라믹 분야를 이끌고 있는 쿠어스텍은 반도체, 헬스케어, 우주산업 등 다양한 영역에 세라믹 제품을 공급하며 최첨단 시장을 이끌어가는 글로벌기업으로 등극했다.

350년간 장수한 기업 생고방

1665년에 설립된 프랑스의 건축자재 회사 생고방San Gobain은 베르사유 궁전에 자리한 거울의 방을 만들어낸 주인공이다. 그 외에도 에펠탑 및 루브르 박물관에 유리 및 건축 자재를 공급했다. 요즘 대부분의 빌딩 소재에 유리가 사용되고 있는데, 여기 필요한 유리와 필름 등 다양한 소재들을 전 세계에 공급하고 있다. 생고방은 자기 분야를 확장하며 350년이 넘는 긴 시간 동안 장수하고 성장하며 영역을 확대해왔고, 현재 건자재 분야 최고의 기업이 되었다.

한국기업, 생존을 넘어 성장을 이루려면

이처럼 기업들은 100년을 훌쩍 넘어 350년 이상도 지속될 수 있다. 이 기업들의 성장은 이후에도 계속될 가능성이 크다. 물론 처음부터 성공적이었던 것은 아니다. 이들도 시작은 미미했다. 하지만 정확하게 시장을 읽어내며 지속적인 혁신과 확장으로 기업을 성장시켰고, 글로벌기업이 되어 긴 역사를 이어올 수 있었다. 그렇다면 한국의 중견·중소기업은 어떨까? 얼마나 오래 생존할 수 있을까?

창업진흥원이 2018년 분석한 중소기업 생존율을 보면 10년을 넘길 확률이 15.8퍼센트에 불과하다. 해외와 비교하면 더 심각하다. 대한상공회의소가 OECD와 중소기업벤처부 자료(2021년 3월 1일, 보도자료)를 분석한 결과 한국 창업기업의 생존율은 OECD 국가 평균에 미치지 못하는 수준이며 그 차이가 크다. 5년 차 창업기업의 생존율이 한국은 29.2퍼센트이고, OECD 국가 평균은 40.7퍼센트나 된다.

업력별 중소 창업기업 생존률

(단위: %)

업력	기술기반 중소 창업기업	비기술기반 중소 창업기업	전체
1년 차	75.8	73.1	73.5
2년 차	63.6	60.7	61.2
3년 차	50.9	45.6	46.4
4년 차	43.5	38.4	39.2
5년 차	39.4	33.9	34.8
6년 차	34.2	28.4	29.3
7년 차	30.2	24.4	25.3
8년 차	26.7	20.8	21.7
9년 차	21.5	16.5	17.3
10년 차	20.0	15.1	15.8

* 출처: 창업진흥원

한국·OECD 창업기업 생존률

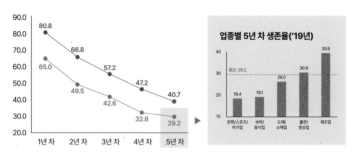

* 출처: OECD, 중소기업 벤처부

중소기업의 단계를 넘어 중견기업으로 가면 어떨까? 중견기

하룻밤에 읽는 B2B 마케팅

업으로 성장하면 매출이 달라지고 한국경제에 미치는 영향력도 달라진다. 2024년 2월 15일 금융위원회 보도자료를 살펴보자. 한국의 중견기업은 5,600여 곳으로 전체 기업 중 1.5퍼센트가 여기에 해당된다. 매출 16.1퍼센트, 고용 12.9퍼센트를 담당하는 중견기업은 한국경제의 허리 역할을 하고 있다.

2023년 12월 27일 산업통상자원부가 발표한 〈2022년 중견기업 기본통계〉에 따르면 2022년 말 기준으로 국내 중견기업 수는 전년보다 96개 늘어난 5,576개로 집계됐다. 중견기업 90개가 대기업으로 성장했고, 중소기업 163개가 중견기업으로 성장했다. 매출액 또한 959.0조 원으로 2021년(852.7조 원) 대비 106.3조 원(12.5퍼센트 상승) 증가한 것을 알 수 있다.

매우 고무적인 수치들이다. 그럼에도 얼마나 많은 중소기업이 중견기업으로, 중견기업이 대기업으로 성장할 자신이 있다고 믿는지 의문이다. 법이 규정하듯 중소·중견·대기업이 단순히 매출과 직원 수의 차이로만 구분되는 걸까? 결코 그렇지 않다. 대기업, 더 나아가 진정한 글로벌기업이 되려면 국제 정세와 경기 흐름에도 흔들리지 않는 확고한 핵심 가치Core Value가 있어야 한다. 나아가 이를 외형화시키는 브랜딩이라는 과정이 필요하다.

02 세련된 사명과 로고보다 브랜딩이 중요한 이유

한국의 기업 역사가 길어지면서 대를 이어 기업을 가업으로 승계하는 경우가 많아지고 있다. 실제로 많은 기업에서는 창업자인 부모 세대와 후계자인 자녀 세대가 기업을 함께 경영하기도 한다.

하지만 요즘의 젊은 오너 세대들은 창업 세대와 기업을 바라보는 관점이 다르다. 그들은 글로벌 관점과 브랜딩이라는 관점에서 바라본다. 그러다 보니 당장의 기업 매출과 함께 장기적인 성장에 대한 걱정이 깊어질 수밖에 없다.

생산 능력과 대형 고객만으로는 부족하다

생산 능력을 확보하고 있으며, 확실한 대형 고객을 갖고 있는 것만으로 회사의 미래가 밝다고 할 수 있을까? 젊은 오너 세대들은 아니라고 생각한다. 그들이 새로운 길을 모색하기 위해 끊임없이 시도하는 이유도 여기에 있다. 그럼 그들은 어떤 시도를 하고 있을까?

그 첫 번째 작업이 브랜딩이다. 누군가와 명함을 교환할 때를 대비해 세련된 회사명과 로고를 만들어 좋은 첫인상을 주고 싶은 것이 젊은 오너들의 마음이다. 좋은 출발이다. 하지만 여기서 좀 더 앞으로 나아갈 수 있으면 좋겠다. 멋진 회사명과 로고가 필요한 이유는 성공적인 비즈니스, 더 나아가 지속가능한 비즈니스를 위해서다. 이러한 본질을 놓치지 말아야 한다.

회사명과 로고로 대변되는 기업의 브랜딩은 그 기업을 차별화한다. 그 회사만의 브랜딩이 없으면 기업의 가치를 무엇으로 표현할 수 있을까? 그저 견적서에 찍힌 가격 외에는 기업 가치를 차별화할 방법이 없을 것이다. 중국과 인도의 저가 공세에 한숨 짓기 전에 우리가 할 수 있는 브랜딩을 통해 더 큰 장벽을 쌓아 올리는 일을 실행해야 한다. 걱정스러운 것은 중국기업들이 서구식 브랜딩에 적극적이며, B2B 마케팅 수준도 앞서 나가고 있다는 점이다.

영어가 가능한 인도는 영어식 콘텐츠 마케팅을 세련된 방식으로 진행하고 있다. 인도회사인지 영국회사인지 미국회사인지 알 수 없을 정도로 적극적인 마케팅을 펼친다. 이와 달리 한국기업들은 B2B 마케팅에 대한 개념이 상대적으로 빈약하다. 설상가상 브랜딩마저 관심이 없다 보니 미국과 유럽 시장을 대상으로 중국 및 인도와 경쟁하며 예상과 달리 뒤처질 때가 많다.

그런데 아직도 한국인들은 이러한 현실을 제대로 인식하고 있지 못하다. 중국이나 인도의 기업보다 한국기업이 우위에 있다는 관념이 뿌리 깊게 자리하고 있어 걱정스러울 때가 많다. 현실을 제대로 보지 못하면 문제를 해결할 수 없고 그만큼 발전도 더디기 때문이다.

성공적인 브랜딩을 통해 쌓아 올려진 기업의 가치는 그 어떤 기업 자산보다 값진 것이 된다. 그리고 이후 비즈니스 영속성에 큰 영향을 준다. B2B 기업의 경우 브랜딩과 마케팅이 중요하다는 것은 앞서 계속 강조했다. 그렇다면 왜 그런지 그 이유를 네 가지 측면에서 살펴보자.

B2B 기업의 브랜딩과 마케팅이 중요한 네 가지 이유

의사결정의 주체와 방법이 바뀌고 있다

B2B 마케팅도 브랜딩도 하루아침에 이루어지지 않는다. 뿌리 깊은 나무가 바람에 흔들리지 않듯 강력한 브랜딩에는 많은 시간과 노력이 필요하다. 그 핵심에는 기업의 철학이 있어야 한다. B2C도 아닌데 브랜딩이 왜 필요하냐고 반문할 수도 있다. 하지만 B2B 분야의 의사결정권자들이 모두 MZ 세대들로 채워지고 있고, 장기적으로는 알파 세대까지 진입하게 될 전망이다. 최종 의사결정을 누가 할지는 기업문화에 달려 있겠지만, 많은 기업에서 이미 MZ 세대가 의사결정을 위한 조사와 평가 과정에 관여하면서 상당한 영향력을 행사하고 있다.

이제 고객들은 공급업체를 평가하는 과정에서 포털 사이트 뿐 아니라 소셜미디어를 비롯해 다양한 채널들을 통해 정보를 사전에 조사한다. 따라서 MZ가 주축을 이루고 있는 환경에서는 과거처럼 용감하게 콜드콜을 시도하는 것이 아무런 의미가 없다. 즉 고객이 구매를 결정하는 과정이 변하고 있다는 말이다. 이에 맞춰 한국의 중견·중소기업들도 변해야만 더 오래 비즈니스를 영위할 수 있다.

디지털 혁신의 후폭풍을 피해갈 수 없다

B2B 기업의 고객들 중 67퍼센트가 영업담당자에게 문의하기 전에 이미 의사결정을 마친다(* 출처: CEB, From Promotion to Emotion). 디지털 방식을 통해 모든 조사를 미리 끝냈다는 뜻이다. 예전과 달리 해당 브랜드를 인지한 뒤 관심을 갖고, 유사업체와 비교하고 구매를 하는 전 과정의 상당 부분이 디지털 방식으로 이루어진다.

요즘 영업사원에게 바로 전화해 아주 기초적인 것부터 문의하는 고객은 거의 없다. 다시 말해 기업이 영업사원을 교육하듯 고객이 스스로 검토하고 판단할 수 있게 디지털 방식으로 셀프 스터디 자료를 제공해야 한다는 뜻이다. 이를 위해서는 웹사이트와 소셜미디어에 충분한 데이터가 있어야 하고, 이 데이터들은 검색최적화가 가능해야 한다.

과거에는 마케팅의 영역이 인지도를 높이고 흥미를 유발하는 수준에 머물렀고, 고객의 나머지 구매 여정은 모두 영업의 역할이라고 생각했다. 하지만 고객이 디지털상에서 셀프 스터디를 하기 시작하면서 마케팅의 영역 또한 변했다. 인지도를 높이고, 흥미를 유발하고, 제품 선택을 고려하고, 구매 의사를 확고히 하고, 업체를 비교 검토하는 과정까지 모두 마케팅의 영역으로 확장된 것이다.

　그래서 웹사이트를 방문한 잠재고객이 제품을 충분히 이해할 수 있도록 테스트 권한을 주거나, 타사의 도입사례를 자세히 보여주는 등 직간접적인 경험을 충분히 쌓을 수 있게 해줘야 한다. 그뿐 아니다. 고객과의 모든 접점에서 일관된 메시지가 전달될 수 있도록 잘 관리되어야 한다.

새로워진 마케팅 & 판매 구조

* 출처: Steve Patrizi의 블로그 'The New Marketing & Sales Funnel' 포스팅 중

　이러한 경향과 움직임은 맥킨지가 조사한 자료("The new B2B growth equation", 2022 McKinsey & Company, "The multiplier effect: How B2B winners grow", 2023 McKinsey & Company)

를 통해서도 알 수 있다. 팬데믹은 종식되었지만 여전히 B2B 고객들이 공급업체를 탐색, 평가, 구매, 재구매하는 전 과정에서 대면, 버추얼, 디지털 셀프 서비스를 골고루 이용하는 것으로 나타났다. 즉 디지털 전환이 팬데믹 기간의 일시적인 현상이 아니라는 말이다. B2B도 디지털 전환을 통해 고객을 맞이할 준비가 필요하다는 사실을 받아들여야 한다. 고객들의 정보 습득 방식이 변했고, 이런 고객들에 대응할 우리 회사 직원들도 변했다. 이는 변수가 아니라 상수라는 점을 기억하자.

같은 조사에서 B2B 구매 의사결정권자들이 공급자들과 상호작용하기 위해 그 어느 때보다 더 많은 채널을 사용하고 있는 것으로 나왔다. 소셜미디어, 모바일 앱, 문자 등을 활용해 공급자들을 조사 및 평가하고 있었다. 여기서 필요한 것들을 빠르게 추출해야 한다. 고객들의 행동 변화에 대응해 B2B 기업

　　　　　　　　　　　　하룻밤에 읽는 B2B 마케팅

도 채널을 확장해야 하며, 고객이 어떤 채널로 들어와도 접점을 유지할 수 있도록 채비할 필요가 있다. 디지털 시대를 맞아 준비해야 할 것이 가중되고 있다는 뜻이다. 고객의 구매 의사결정 여정에서 각 단계마다 마케팅이 해야 할 일이 정말로 많아지고 있다.

특수 시장에서도 개인화 마케팅이 필요하다

B2B 마케팅 및 B2B 영역에서 디지털 마케팅의 필요성을 설명하면, 중견·중소기업 오너들 중 이렇게 답하는 이들이 많다. "우리 고객사는 정해져 있기 때문에 마케팅이 필요하지 않습니다." 이처럼 고객이 정해져 있을 때 사용하는 마케팅 기법이 ABM^{Account-Based Marketing}이다. 이에 대해서는 뒤에서 좀 더 자세히 살펴볼 것이다.

어쨌든 통신 및 에너지 분야처럼 고객이 한정된 시장에서는 영업과 밀착해 해당 고객사의 니즈에 딱 맞게 마케팅을 진행해야 한다. 그런데 이 시장에서도 최근 변화가 일고 있다. 가장 주목받는 것은 '초개인화^{Hyper Personalization} 마케팅'이다. 정해져 있는 소수의 고객사라 해도 서로 다른 부서별 고객의 역할과 니즈에 맞춰 고객이 알고자 하는 것을 제공하는 것이 필요하다는 뜻이다. 관계는 기본이고, 고객의 페인포인트Pain Point를 선제적으로 짚어줄 때 비즈니스 파트너십은 영속될 수 있다.

고객과 인재 유치 경쟁이 가속화되고 있다

앞서도 말했듯 중견·중소기업 오너들과 대표들은 마케팅과 브랜딩의 중요성을 이야기하면 대체로 시큰둥한 반응을 보였다. 그러다 팬데믹 이후 시작된 '대퇴직의 시대'를 경험하며 급속한 변화가 생겨났다. 그동안 기업의 브랜딩이 홀대받아온 이유는 고객 유치가 영업만으로도 충분하다고 판단했기 때문이다. 하지만 팬데믹 이후 채용의 어려움을 겪으면서 이런 생각들이 흔들리기 시작했다. 특히 서울과 거리가 멀수록 인재 확보를 위해 브랜딩이 필요하다는 점에 굉장히 절실하게 공감하고 있다.

AI와 자동화가 아무리 빠르게 인력을 대체한다 해도 반드시 사람이 해야 하는 일이 있고, 사람으로만 창출 가능한 가치가 있다. 따라서 기업의 인재 확보를 위한 브랜딩이 절실한 상황이다. 그뿐 아니다. 잡플래닛과 블라인드 등 기업의 부정적인 면이 쉽게 부각될 수 있는 플랫폼이 증가하고 있는 것도 한몫한다. 따라서 이에 대응해 기업의 긍정적인 면을 부각시킬 수 있는 채널과 콘텐츠 역시 확보하고 있어야 한다.

대표적인 B2B 소셜 플랫폼인 링크드인이 발표한 〈2030 B2B 트렌드〉에 따르면 B2B 브랜딩은 여섯 가지 효과가 있다. 단기적인 매출 향상은 기본이고 장기적인 영업 효과를 발휘한다. 또한 가격 결정력Pricing Power을 가질 수 있다는 점, 인재 확보에 유리하다는 점, 침범할 수 없는 영역Competitive Moat을 확보할 수 있다는 점을 꼽을 수 있다. 그뿐만이 아니다. 어떤 비즈니스 카테고리든 언젠가는 소멸하게 마련이지만, 브랜딩이 잘 되어 있는 브랜드는 카테고리 흥망성쇠에도 굴하지 않고 브랜드를 확장하고 발전시킬 수 있다.

이제 B2B 영역에서도 B2C 영역처럼 고객과 인재를 유치하기 위해 브랜드로 치열하게 경쟁하는 시대가 되었다. 이 점을 받아들여야만 할 때다.

03 세일즈포스에는 있고 다른 기업에는 없는 것들

B2B 시장에서 브랜딩을 가장 잘하는 기업이 CRM 기업인 세일즈포스다. 전 산업 영역을 망라할 수 있는 B2B 솔루션을 갖고 있기 때문이기도 하지만, CRM 회사로서 B2B 마케팅 베스트 프랙티스를 솔선수범한다는 점이 돋보인다. 또한 성공적인 B2B 마케팅을 통해 역사상 가장 빠르게 성장하는 기업용 소프트웨어 회사로 진화하는 중이다.

가파른 매출 상승 그래프 역시 경이로울 정도로 아름답다. 더욱이 경쟁사와 비교해 보면 유독 가파른 상승세에 놀라지 않을 수 없다. 앞서 시장을 지배했던 SAP, 오라클을 저 멀리 밀어

내며 홀로 급경사를 그리고 있다. 아마도 모든 기업의 오너들이
꿈꾸는 그래프일 것이다.

세일즈포스 매출액

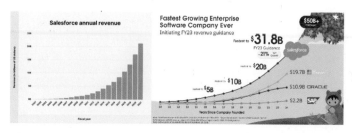

브랜딩의 핵심은 흔들리지 않는 핵심 가치에 있다

링크드인이 리포트에서 분석한 바에 따르면, 세일즈포스는
'State of Sales Report'라는 블록버스터급의 콘텐츠를 만들
고 광범위한 마케팅을 펼쳐 코어 타깃과의 접점을 극대화했다
는 점을 강조한다. 그리고 일관된 메시지를 오프라인 콘퍼런스
와 소셜미디어, PR 활동 등에서 통합적으로 잘 활용한 점을 높
이 사고 있다. 막대한 광고 예산을 가지고 있는 글로벌기업이기

때문에 한국의 중견·중소기업들이 쉽게 벤치마킹하기는 어렵다. 그럼에도 살펴봐야 할 사실이 한 가지 있다.

이는 2019년부터 세일즈포스와 함께 일해오면서 많은 자료를 보고 공부하고 경험하면서 느낀 점이다. 세일즈포스는 시작부터 지금까지 일관된 하나의 핵심 가치에 철저하게 집중했다. 세일즈포스는 없는 길을 만들어서 가는 '개척자 정신'이라는 핵심 가치를 일관되게 지켜오고 있으며 이는 '트레일블레이저Trailblazer'로 대변된다. 이 핵심 가치는 모든 브랜딩과 마케팅에 한결같이 녹아 있다.

세일즈포스 스스로도 SaaSSoftware as a Service 시장을 선구적으로 개척했다. 자사의 솔루션을 도입한 고객들을 모두 '트레일블레이저'라 부르며, 새로운 도전을 하도록 함께 격려하고 칭찬하고 북돋워준다. 이러한 세일즈포스만의 문화를 대내외적으로 정착시킨 것이 바로 성공의 토대다. 이로써 그들은 브랜딩에 성공했고 지속가능한 성장을 이뤄냈으며, 놀랍도록 아름다운 급경사 매출을 이룰 수 있었다.

세일즈포스 사례에서 보았듯 브랜딩의 핵심은 흔들리지 않는 핵심 가치에 있다. 사명과 로고, 비전과 미션을 관통하는 핵심 가치에 대한 진지한 고민이 브랜딩의 시작이다. 이러한 사실은 B2C 기업이든 B2B 기업이든 상관없이 적용된다. 성공적인 브랜딩을 통해 기업은 자자손손 대를 이어 성장하고 발전하는 지속가능한 기업이 될 수 있다.

인도 B2B 기업 STL의 놀라운 리브랜딩 사례

인도의 광섬유 및 광케이블업체인 STL^{Sterlite Technologies Limited}은 1988년에 설립되었다. 업계 경력이 오래된 관계자들은 STL에 대해 기술력이 다소 부족한 인도의 후발주자로 기억한다. 하지만 지금은 어떨까?

이 회사는 투자를 유치한 이후 미국식 리브랜딩을 단행했다. 'Beyond Tomorrow'라는 슬로건 아래 'Invent', 'Connect', 'Converged'라는 콘셉트로 브랜드 스토리를 만들었다. 회사에 대한 스토리텔링을 지속적으로 진행하면서 수많은 제품에 통합 밸류애드를 실행해 네 개의 제품군으로 묶고 솔루션화했다. 웹사이트, 블로그, 링크드인, 유튜브 등의 채널에 콘텐츠를 정기적으로 업로드하면서 이 책에서 설명하고 있는 모든 브랜딩 및 마케팅 활동을 아주 충실히 실천하는 중이다.

비즈니스적으로도 통신 소프트웨어 회사를 인수하고 5G 관련 비즈니스 협력 강화를 하는 등 혁신적인 모습을 보여주고 있다. 이런 과정을 통해 STL은 단순 제조 기업의 범주를 뛰어넘어 솔루션 기업이 되었다. 인도기업과 중국기업이 제조 측면에서 가격 경쟁력을 높이는 것만이 아니라 더 적극적으로 브랜딩과 마케팅을 진행하며 제조 기업 그 이상의 기업이 되고 있다. 바로 이 점에 대해 한국기업들은 경계심을 가져야 한다.

제조를 넘어 제품에 스토리를 입히고, 가치를 부여해 고부가제품으로 만드는 마케팅 활동은 기업의 위상을 바꿔놓는다. 이것을 하는 기업과 하지 않는 기업의 미래는 완전히 달라질 것이다.

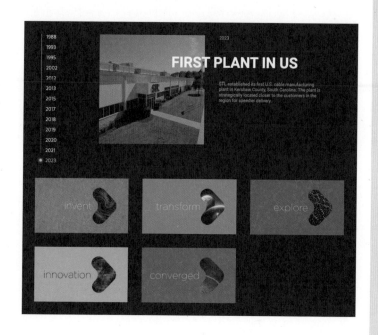

ABM 마케팅의 골든룰 이해하기

"우리의 고객은 정해져 있고, 우리는 고객을 잘 알고 있습니다."

B2B 기업 대부분은 이렇게 주장한다. 물론 그렇지 않은 경우도 있지만 꽤 맞는 말일 때도 많다. 사무용 가구처럼 모든 산업 분야의 기업이 다 도입할 수 있는 범용적인 B2B 제품들이 있다. 반면 특정 산업 분야가 아니면 절대 구매하지 않는 제품도 있다. 비행기의 경우 항공사 및 대형 물류회사 말고는 구매할 수 있는 기업이 거의 없다. 이처럼 제품을 구매할 수 있는 고객이 명확하게 정해져 있을 때 구사하는 B2B 마케팅 기법을 주요 고객사 중심의 마케팅이라 하며, ABM이라 부른다. ABM은 효율성이 높다고 평가되면서 최근 들어 더 각광을 받고 있다.

전통적 역삼각형 리드젠과 정반대로 이뤄지는 마케팅 활동

ABM은 범용적인 B2B 마케팅이 추구하는 역삼각형 리드젠Lead Gen, Lead Generation, 이하 리드젠과 완전히 반대로 활동한다. 역삼각형 리드젠의 경우 캠페인의 목표와 콘텐츠가 결정되면 목표 시장을 정해 시장 내 인지도를 높인다. 그런 후 관심을 표현하는 대상들을 상대로 추가 활동을 진행해 잠재적 리드Lead를 확보해간다. 인지 단계에서의 모수는 아주 크지만, 관심 있는 대상에서 잠재적 리드로 좁혀지는 과정에서 수치가 점차 줄어드는 것이 특징이다.

이에 반해 ABM은 첫 단계가 딱 정해져 있는 잠재고객사 중 캠페인 목표에 부합하는 대상을 찾는 일부터 시작한다. 그다음 단계에서는 같은 조직 혹은 유사 조직에서 같은 역할을 하는 유사 대상을 찾아 확대해나간다. 그런 다음 그들이 가장 원하는 콘텐츠를 확인하고, 가장 선호하는 채널을 통해 콘텐츠를 노출한다. 마지막 단계에서는 고객을 팬으로 전환시킬 수 있어야 한다.

ABM의 성공은 영업과 마케팅의 협업 케미가 좌우한다

ABM과 역삼각형 리드젠은 실행 단계의 차이도 있지만 더 근본적인 차이가 있다. ABM은 처음부터 영업과 마케팅이 함께 기획하고, 실행과 관리도 함께 한다는 점이다. 고객에 대한 명확한 이해와 관계를 기반으로 시작하는 ABM은 역삼각형 리드젠이 추구하는 하이퍼 타기팅Hyper-Targeting과는 분명히 구분된다.

다만, 한국적 상황을 고려할 때 주의해야 할 부분이 있다. 얼핏 보면 ABM이 지금까지 B2B 기업이 줄곧 해왔던 영업 중심 활동과 비슷해 보일 수 있다. 이렇게 되면 마케팅에 대한 인식이 부족하고 마케팅 기능이 약했던 B2B 기업에서는 마케팅이 영업 지원 조직처럼 오해될 소지가 있다. 이런 오해를 하지 않으려면 ABM에 대한 정확한 이해가 필요하다.

ABM은 두 가지 측면에서 큰 특징을 지닌다. 첫째, 고객의 현재 상황에 대한 정확한 이해를 기반으로 하며, 고객 비즈니스를 한 차원 끌어 올려줄 수 있는 새로운 제안을 하기 위한 콘텐츠와 채널 전략이다. 둘째, 마케팅과 영업이 한 팀이 되어 고객 니즈를 파악한 후 전략적으로 대응한다.

고객사는 그대로여도 담당자와 담당자의 취향은 변한다

고객사어카운트는 바뀌지 않아도 담당자는 변하고 담당자의 취향도 변한다는 점을 명심해야 한다. ABM에서도 제일 중요한 것은 고객 경험의 새로운 디자인이다. 오래되었으면서 충성도 높은 고객이 대체로 ABM의 대상이다. 그러다 보니 폐해가 생긴다. 수년간 반복적으로 하던 대로, 즉 관습적인 ABM 마케팅을 하는 경우가 많다는 점이다. 해당 고객의 비즈니스 환경이 달라지고 이에 따른 니즈가 변화한다는 사실을 명확하게 이해하고 대응해야 한다. 이외에도 고객의 채널 선호도 및 콘텐츠 취향 역시 계속 바뀐다는 점을 기억하자.

그러면 구체적으로 어떻게 해야 할까?

ABM 또한 다른 마케팅과 마찬가지로 고객에게 다가가는 하나의 프로세스로 인식되어야 한다. ABM의 대상이 되는 주요 고객처 담당자들이 점차 MZ 세대로 이동하고 있다는 점도 간과해서는 안 된다. 얼핏 보면 몇십 년째 정해져 있는 고정된 시장처럼 보일 수 있지만 한 걸음 더 들어가서 살펴보면 전혀 다르다. 그 안에서 조직을 움직이는 사람이 변하고 있으며, 그들의 취향도 변하고 있다. 따라서 취향을 저격하는 콘텐츠와 채널에 대한 고민이 끝없이 이뤄져야 하는 프로세스다.

ABM과 역삼각형 리드젠을 병행해야 하는 이유

간과해서는 안 되는 점이 한 가지 더 있다. ABM에 대해 설명하면 B2B 기업들은 아주 기뻐한다. 전통적인 영업 방식과 비슷해 보이기 때문에 조직 내에 적용하기 쉽고 비용 면에서 효율적일 것이라 판단해서다. 그러나 대부분의 B2B 기업에서는 ABM과 역삼각형 리드젠 마케팅이 병행되어야 한다. 왜 그럴까?

B2B 기업들의 비즈니스 포트폴리오를 살펴보면 주력 제품은 고객이 정해져 있는 ABM의 영역인 경우가 많다. 그리고 새롭게 추진하는 신사업의 경우 좀 더 범용적인 시장을 목표로 한다면 역삼각형 리드젠의 영역에 속하는 경우가 많다. 따라서 B2B 기업의 마케팅 조직은 ABM과 리드젠에 동시에 익숙해져야 한다. 한 가지 방법론만으로는 변화하는 시대의 기업 목표를 충족시키기 어렵다.

CUSTOMER

우리 회사가
아는 고객이
전부일까?

2

B2B 기업 오너들 중 상당수가 자신의 고객을

잘 알고 있다고 착각한다. 그러나 이미 아는 고객을

관리하는 일은 영업의 역할 중 하나일 뿐이다.

마케팅은 여기서 한발 더 나아가 더 큰 잠재시장을 보고

잠재고객을 발굴해야 한다.

01 고객에 대한 이해와 오해

앞서 B2B 기업 오너들 중 상당수가 '우리 고객은 정해져 있으며, 그 고객과의 관계를 잘 유지하면 된다'고 맹신하고 있음을 살펴봤다. 정말 그 고객이 다일까? 우리 제품은 오로지 그 고객만이 사용할 수 있을까? 정말 우리가 잠재고객을 다 알고 있는 걸까?

접는 방식의 폴더폰 액정화면은 플라스틱으로도 만들지만 구김 없이 휘는 유리로도 만들 수 있다. 같은 플라스틱 생산업체만이 경쟁사가 아니라 대체재가 되는 모든 소재 그리고 그 생산업체가 다 경쟁한다는 뜻이다. 지금은 다른 회사와 일하는 고객이라도 더 좋은 서비스와 제품이 있다면 또 다른 회사로 갈아타지 않을 이유가 없다.

마케팅은 계속 니즈를 파악해 퀄리티 있는 리드로 개발하고, 그와 동시에 잠재고객을 발굴해내는 데 핵심이 있다. 현재 고객과 만족스러운 비즈니스를 하고 있다 하더라도 거기에 안주해서는 안 된다. 세상의 트렌드는 시시각각 변하고 있기 때문이다. 따라서 끊임없이 고객의 니즈를 고민하고 발굴해 고객의 문제를 해결해주는 것이 마케팅이 해야 할 일이다.

그렇다면 정확히 마케팅의 역할은 무엇일까? 현재 고객을 관리하고, 잘 대응해 업셀링하는 일은 영업의 몫이다. 반면 잠재고객을 파악하고, 잠재고객을 대상으로 지속적인 커뮤니케이션을 함으로써 판매하는 제품을 검토하게 하는 일은 마케팅의 역할이다. B2B 마케팅은 인지도를 높이고 잠재고객(리드)을 확대해나간다는 목표 아래 시기별로 최적의 마케팅 전략을 수립해야 한다.

먼저 일관된 메시지를 남겨야 하는데 잠재고객들이 이용하는 다양한 채널의 특성에 맞는 콘텐츠를 제공하는 게 좋다. 그렇게 해서 잠재고객이 자발적으로 연락처를 남기고 대화를 시작하도록 유도해야 한다.

B2B 비즈니스의 지속적인 성장을 위해 마케팅으로 시장을 개발하고, 영업으로 고객을 관리하며, 서비스로 고객을 감동시키는 선순환의 과정은 필수다.

B2B 비즈니스, 가격 경쟁이 아니라 차별화가 필요한 시장

B2B는 B2C와 다르다. B2C처럼 완제품을 출시한 뒤 정해진 가격에 파는 비즈니스가 아니다. 물론 최근에는 B2B 비즈니스의 경우도 볼륨 세일을 해야 하는 제품들은 D2C^{Direct to Consumer}로 전환해 자사 쇼핑몰을 통해 구매할 수 있도록 유도한다. 또한 알리바바닷컴^{Alibaba.com}처럼 전 세계 B2B 비즈니스를 플랫폼화해 클릭 몇 번으로 사고팔 수 있게 해주기도 한다. 이와 같은 B2B 기업의 D2C 및 플랫폼 활용은 뒤에서 자세히 다룰 예정이다.

여기서 다루는 내용은 볼륨 세일을 하는 B2B 완제품이 아니라 고객에 맞춰 커스터마이징해야 할 B2B 솔루션이다. 대부분의 B2B는 제품에 고객 맞춤 서비스가 추가되고, 그 서비스에 기업의 노하우가 담긴 컨설팅이 가미되는 솔루션 비즈니스다. 즉 고객의 당면 과제에 대한 깊은 이해를 기반으로 고객의 진정한 페인포인트를 명확하게 찾아내고, 이를 해결할 수 있는 솔루션을 제시하는 관계로 발전해야 한다. 그래야 진정한 B2B 비즈니스다.

B2B 기업의 브랜딩 및 마케팅 컨설팅을 할 때는 먼저 영업 부서의 임직원과 인터뷰를 진행한다. 그때마다 첫 번째로 던지는 질문은 이것이다. "담당한 시장에서 고객이 가장 절실하게 해결하고 싶어 하는 페인포인트가 무엇인가요?" 이 질문을 하면 놀랍게도 '페인포인트'라는 용어 자체를 이해하지 못하는 경우가 있다. 또는 고객의 페인포인트를 생각해본 적이 없어 당황하는 사례도 있다. 가장 본질적이고 중요한 것을 놓치고 있는 것이다. 고객을 제대로 이해하지 못한다면 B2B 비즈니스는 불가하다.

B2B 영업에서는 견적 경쟁이 너무 치열해 힘들다는 불만이 자주 나오는 편이다. 왜 아직도 견적으로 경쟁하는 것일까? B2B 마케팅의 부재에서 그 답을 찾을 수 있다. 선제적 마케팅 없이 고객들의 견적 요청을 팔로업하는 데만 급급한 영업팀이 존재하는 회사에서 이런 일은 흔히 벌어진다. 경쟁이 치열해지는 상황에서 손 놓고 있으면 더 싼 견적서를 요청하는 고객만

남게 되는 건 어찌 보면 당연한 일이다.

그러나 그런 고객만을 상대해선 안 된다. 우리 회사 로고만 보고도 기꺼이 더 높은 비용을 지불하고 싶어 하는 고객을 개발할 필요가 있다. 그러기 위해서는 브랜딩과 마케팅이 동시에 진행되어야 한다.

브랜딩은 내가 어떤 역량이 있는지를 제대로 알리는 것이다. 반면 마케팅은 나의 역량을 활용해 고객의 니즈를 어떻게 해결해줄 수 있는지를 알리는 일이다. 가격 경쟁에서 벗어나 나만이 가진 인사이트와 부가서비스를 고객의 고민을 해결해주는 토탈 솔루션으로 차별화하는 전략이 필요하다. 브랜딩으로 나만의 경쟁우위를 점하는 것이다.

가격 경쟁에서 벗어나려면 고객의 상황부터 파악하라

고객의 다섯 가지 인식 단계

지금 가격 경쟁의 압박에 시달리고 있다면, 이 상황을 고객의 관점에서 생각해보자. 고객의 상황은 크게 다섯 가지 단계로 생각해볼 수 있다.

고객의 인식 단계별 마케팅 전략

	고객 인식 단계	고객 도전 과제	마케팅 전략	콘텐츠 접근법
1 단계	문제를 인식하지 못하거나, 무엇이 문제인지 파악되지 않는 단계	성장 혹은 비용 절감	고객이 문제로 인식조차 못하는 것을 찾아내 '문제'로 규정하자	사고적 리더십 (Thought Leadership) 확립: 필요성을 인식시키고, 새롭게 트렌드로 만들기
2 단계	무엇이 문제인지는 파악했으나 원인과 해결책에 대한 실마리가 없는 경우	정보 수집 통한 상황 파악	고객이 문제를 검색할 때 우리 '솔루션'이 해법으로 검색되게 하자	해당 문제 해결 솔루션으로서 브랜드 입지를 굳혀 웹사이트 방문 유도
3 단계	문제와 원인을 파악했고 해결책이 될 솔루션을 찾기 위해 노력하는 경우	정보 비교 통한 의사결정 접근	'우리 솔루션'의 가치를 입증하자	직접적인 제품 및 제품 사양에 대한 내용을 통해 구체적인 해결책 제시
4 단계	문제와 원인, 해결 방법까지 파악 완료. 최적의 브랜드만 찾으면 되는 경우	의사결정을 위한 확신과 신뢰	'우리 솔루션'만의 비교우위를 제시하자	경쟁제품과의 비교를 통한 경쟁력 제시
5 단계	브랜드를 결정하고 구매 확정	내부적으로 설명 가능	만족도 높은 충성고객이 되게 하자	제품 가이드 및 설치 매뉴얼 등 구체적인 활용 자료

1단계 고객은 현재 비즈니스에 큰 문제의식을 느끼지 못하고 있거나, 문제의식은 있으나 무엇이 문제인지 모르는 경우다. 2단계 고객은 무엇이 문제인지는 파악하고 있으나 원인과 해결책에 대한 실마리가 없는 경우다. 3단계 고객은 문제와 원인을 파악했고 해결책을 찾기 위해 노력하는 경우다. 4단계 고객

은 문제와 원인, 해결 방법까지 파악된 상황으로 해결 방법에 맞는 솔루션만 찾으면 되는 경우다. 마지막 5단계는 문제, 원인, 해결 방법, 해당 솔루션까지 파악이 마무리된 단계다.

1단계가 가장 높은 고부가가치 단계이고, 다음 단계로 내려올수록 경쟁이 치열해진다. 그리고 마지막 단계까지 내려오면 가격 외에는 차별화가 어렵다.

고객이 인식조차 못 하는 것을 찾아내 '문제'로 규정하자

1단계 고객이 머무는 곳이 바로 마케팅이 꽃을 피울 수 있는 시장이다. 대체로 세상에 없던 신기술을 갖고 나온 테크Tech 기업들이 이 전략을 많이 쓴다. 지금까지는 세상에 없었지만, 이 솔루션이 나타났기 때문에 지금까지 문제가 아니었던 것들을 다 문제로 만들어야 한다.

자동화를 진행하는 소프트웨어 로봇이 없던 시대에는 직원들이 엑셀에 숫자를 입력하는 일이 너무나 당연했다. 하지만 전 세계 자동화 1위 소프트웨어 회사인 유아이패스UiPath가 세상에 로보틱프로세스자동화, 즉 RPARobotic Process Automation(100쪽 참조)를 내놓자 상황이 달라졌다.

소프트웨어 로봇이 몇 분이면 할 입력 작업을 직원이 하는 것은 비생산적이다. 그렇게 되면 실제로도 생산성이 떨어진다. 단순한 일은 로봇에게 시키고 직원에게는 부가가치가 더 높은 일을 맡기는 것이 오너 입장에서도 수지타산이 맞는 선택이다. 특히나 지금 같은 고임금 시대에는 더욱 그렇다. 이때 많이 쓰는 마케팅 방법론이 시장의 생각을 이끌어가는 사고적 리더십Thought Leadership인데, 이는 뒤에서 자세히 다룰 것이다.

02 제품을 팔지 말고 문제 해결을 서비스하라

RPA는 신기술이 맞지만 이것만으로는 매출을 발생시킬 수 없다. 그럼 어떻게 해야 할까?

RPA라는 기술이 마케팅을 만나 디지털 혁신Digital Transformation, DX의 최첨단 정예병으로 포지셔닝될 때 비로소 고객에게 다가갈 수 있다. 지금까지 문제로 생각하지 못했던 모든 것을 문제로 보게 하고, 그 문제를 기술로 해결할 수 있어야 하는 것이다. 이때 제품 영업과 함께 기술 영업이 협력해야 하는 건 당연한 수순이다.

기술이 마케팅과 영업을 만나면 시너지가 폭발한다

기술 그 자체는 세상을 바꿀 수 없다. 중요한 건 기술을 어떻게 활용하느냐. 시장을 교육하는 B2B 마케팅 과정에서 기존에 없던 시장이 만들어지고 새로운 고객이 생겨난다. 대부분의 B2B 기술 기업들은 세계 최초의 기술을 개발하고도 시장에 제대로 데뷔하지 못한다. 기술 기업이라고 해서 기술 개발자만 있어야 하는 것은 아니다. 기술이 개발되면 그 제품이 마케팅의 손으로 넘어와 세상과 소통해야 하고, 영업의 손에 전달되어 고객이 사용해야 한다. 거듭 강조하지만 기술 그 자체는 매출을 발생시킬 수 없으며, 마케팅과 영업을 만나야 세상을 바꿀 수 있고 매출로 연결될 수 있다.

키엔스는 제품을 팔지 않고 문제를 해결해준다

없는 시장을 만들어내 고수익을 창출하는 대표적 기업으로 일본의 키엔스Keyence를 들 수 있다. 일본에서 직원 연봉 1위 기업으로 유명하며, 영업이익률이 자그마치 50퍼센트에 달한다.

이 회사 제품의 70퍼센트가 세계 최초, 세계 최소, 업계 최초의 타이틀을 갖고 있다. 그야말로 놀라운 B2B 기업이다.

이 기업만이 갖고 있는 특징은 무엇일까? 영업사원의 역할을 1단계에 포커싱하게 한다는 것이다. 직접영업만 고집하는 키엔스는 직원들이 고객사를 방문해 고객이 무엇을 불편해하는지 관찰하게 한다. 그다음 그 문제를 해결해줄 수 있는 제품의 개발 아이디어를 매달 한 건 이상씩 제출한다.

키엔스는 영업사원이 고객사와 미팅을 마친 후 5분 이내에 미팅 기록을 시스템에 업데이트하도록 한다. 시간이 너무 흘러 기억이 흐려지기 전에 고객과의 미팅에서 나온 이야기를 정확하게 기록하기 위해서다. 고객을 위한 아이디어를 내라고만 요구하는 게 아니라 아예 그 기반을 체계화시켜놓은 것이다.

키엔스는 공장 자동화 부분 소재 기업이다. 하지만 일련의 시스템을 살펴보면 사실 이 기업의 포지션은 컨설팅에 더 가깝다. 고객을 관찰해 고객이 느끼지 못하는 불편한 부분을 찾아내고, 그 문제를 세계 최초의 제품으로 개발해낸다. 또한 경쟁사가 없는 그 제품을 고가에 판매해 높은 영업이익률을 내고 있다. 달리 말해 키엔스에서 영업은 물건을 파는 것이 아니라, 고객이 미처 인지하지 못하는 문제를 찾아내 해결해주는 것이다.

고객이 문제를 인식하고 있다면 솔루션을 제시하라

앞서 고객의 니즈를 5단계로 살펴봤다. 그럼 다시 고객의 상황으로 돌아가 보자. 2단계에서 고객과 연결되었다면, 문제를 인식하고 있는 고객에게 솔루션을 제시하면서 문제 해결을 도와줄 수 있다. 즉 벤더를 넘어 파트너로 위상을 높일 수 있는 기회다. 3단계에서 고객과 만나면 문제 해결을 위한 몇 가지 옵션을 제공할 수 있다. 이로써 좀 더 다양한 방법으로 고객의 해결 방식에 영향을 주게 된다.

최소한 2단계와 3단계에서 고객을 만나야 고객이 발송할 RFPRequest For Proposal, 제안요청서 혹은 견적요청서에 영향을 주고, 우리가 경쟁사보다 더 잘 대처할 수 있는 환경을 조성할 수 있다. 그래서 2단계와 3단계에 고객과의 인게이징을 높일 수 있도록 전담 영업이 있는 것이다. 그리고 1장에서 설명했다시피 요즘 고객은 문제가 있다 해도 아무 벤더에나 전화해서 도와달라고 하지 않는다는 점도 명심해야 한다.

고객의 성향이 바뀌고 있다. 요즘 고객들은 문제를 파악한 후 셀프 스터디를 통해 문제를 해결해줄 업체를 직접 찾는다. 또한 직접 비교하고 직접 검증하는 과정을 충분히 거친다. 따라서 이 단계에서도 마케팅이 필요하다.

RFP 발송이 첫 접점이면 무조건 가격 경쟁

벤더사에 RFP를 보내면서 제안서와 견적을 요청하는 경우라면 보통 4단계의 고객이다. 이 경우에는 다 짜인 RFP 안에서 가장 좋은 선택권을 제공할 수밖에 없다. 고객과의 관계가 돈독하지 않다면 대체로 4단계에서 견적 요청에 응해야 한다. 이 단계에서는 가격이 모든 것을 결정하기 때문에 저가 경쟁을 피하기 어렵다. 4단계에서 경쟁 요인은 대체로 RFP에 국한되어 있다. 고객에게 더 좋은 솔루션을 제시하는 데 한계가 있고, 충분한 역량을 보여주기에도 한정적이기에 많은 아쉬움을 남길 수밖에 없다.

만약 5단계에서 결정되었다면, 이제 실질적인 도움을 고객에게 제공해야 하는 상황이다. 사실 B2B 비즈니스의 경우 딜을 수주했다고 해서 끝나는 게 아니다. 어쩌면 수주한 그 순간부터 피나는 고통이 시작된다고 봐야 한다. 하지만 이 부분은 이 책에서 다루지 않을 것이므로 내용을 생략한다.

03 고객 단계별
마케팅 전략 다섯 가지

니즈에 따라 고객을 5단계로 분류해 살펴보았다. 이제 다섯 가지로 분류한 고객을 마케팅 관점에서 다시 한번 찬찬히 짚어 보도록 하자.

앞서 말한 것처럼 1단계에서 마케팅을 하는 것이 가장 중요하다. 그러나 문제를 인식하지 못하고 있는 고객에게 키엔스 영업사원처럼 직접 찾아다닐 수는 없는 노릇이다. 특히 요즘 고객들은 영업사원이 직접 찾아오는 것을 좋아하지 않는다. 고객의 이런 특성을 고려해 어떤 전략을 활용하면 좋을지 고민해보자. 이때야말로 마케팅이 빛을 발할 때다.

1단계_ 마케팅의 핵심은 사고적 리더십 확립

문제를 규정해주고, 새로운 개념을 시장에 알리고, 세상에 없던 솔루션으로 문제를 해결해줄 수 있다고 말해야 한다. 마케팅이 이 역할을 담당해야 한다. 물론 사고적 리더십 프로그램에는 대변인이 꼭 필요한데, 대변인으로는 영업 대표들이 제격이다. 따라서 항상 영업과 마케팅이 협업해야 비즈니스 효과를 극대화할 수 있다.

우리말로 표현하면 조금 어색한 '사고적 리더십'의 원어는 'Thought Leadership'이다. 〈KPRCA PR 용어사전〉을 참조해 뜻을 정리하자면 '특정 영역이나 주제를 생각했을 때 권위자라고 자연스럽게 인식되는 기업의 리더십'을 말한다. 테크 영역에서는 요즘 '생성형 AI'라는 주제를 놓고 어떤 기업이 진정한 리더로 인식될 것인지에 대해 치열하게 경쟁하고 있다.

몇 년 전에는 디지털 혁신 영역에서 어떤 기업이 더 우위를 점할 것인가를 놓고 각축전이 크게 벌어졌다. 컨설팅 회사부터 테크 솔루션 회사까지 모두들 DX를 외쳤다. 리더로 인식된다는 것은 결국 포지셔닝의 문제이고 기업 관점에서는 프리미엄한 이미지를 통해 좀 더 쉽게 비즈니스를 수행할 수 있다.

코봇이라 불리는 협동로봇Cobot, Co-robot을 주제로 사고적 리더십 캠페인이 어떻게 전개될 수 있는지 구체적으로 살펴보자. 협동로봇은 로봇팔이라고도 불리는데, 2008년 12월 유니버설로봇Universal Robot이 UR 시리즈를 처음 선보이면서 세상에 등장했다. 인간과 협업하면서 인간을 도와 팔 역할을 대신해주는 협동로봇 시대가 본격적으로 열린 셈이다.

협동로봇은 작업 효율성과 생산성을 높여주면서 동시에 재난의 위험을 감소시켜준다. 유용한 측면이 많은 제품이다. 그러나 협동로봇을 개발하고 출시한다고 해서 그 제품이 무조건 팔릴까? 좋은 기술과 제품이 있다 한들 세상에 알리지 않고 가만히 있으면 이를 사줘야 할 고객이 알 수가 없다. 따라서 기술과 제품을 팔려면 고객이 알게 해야 한다. 그중 가장 좋은 방법이 바로 사고적 리더십 캠페인이다.

유니버설로봇은 한국에서 이 제품이 잘 팔릴 수 있도록 '협동로봇' 개념을 시장에 알렸다. 그 덕분에 협동로봇을 최초 개발한 회사라는 프리미엄을 얻을 수 있었다. 본사 CEO가 〈조선일보〉와 가상 인터뷰를 통해 협동로봇의 개념과 필요성을 하이레벨에서 소개했다. 또 〈매일경제신문〉이 유럽의 디지털 혁신 사례를 취재하기 위해 방문을 요청했을 때, 흔쾌히 CEO가

인터뷰를 진행했다. 그뿐만이 아니다. 한국 내 영업을 총괄하는 지사장이 다양한 매체와의 인터뷰를 통해 '중대재해법, 52시간 제, 고임금, 고령화, 저출산' 등 한국의 주요 이슈를 거론하면서 이 문제를 해결할 수 있는 솔루션으로 협동로봇을 소개했다.

마케팅 쪽으로도 활발히 움직였다. 로봇팔이 어떻게 활용될 수 있는지 시장을 교육하면서 인지도를 확대해나갔다. 인간의 팔 대신 로봇팔이 물건을 옮기고, 부품을 조립하고, 짐을 쌓고, 포장하고, 연마하고, 품질 검사를 하는 등 다양하게 활용될 수 있음을 알린 것이다. 이때 네이버, 유튜브, 웹사이트 등 다양한 채널을 통해 교육했다.

제품 기능과 쓰임새를 널리 홍보하고 교육하자 놀라운 일이 벌어졌다. 부산의 한 떡집에서는 협동로봇을 구매해 떡을 평평하게 만드는 작업에 사용했다. 해외에서는 바다 한가운데 있는 풍력발전소의 날개 수리 등 사람이 하기엔 위험한 작업에 로봇팔을 사용했다. 아마 개발자도 상상하지 못한 용도가 아닐까 싶다.

이처럼 마케팅이 사용자 시나리오를 제시하면, 실제 고객들은 더 놀라운 창의력으로 실제 적용사례를 만들어낸다. 그리고 고객사의 이런 적용사례는 아주 좋은 마케팅·홍보 소스가 된다. 이를 자료로 만들어 캠페인을 진행하면 다시 한번 고객과 함께 사고적 리더십을 강화할 수 있다.

마케팅이 준비한 일련의 프로그램은 인력난과 규제 대응에 고민하던 고객들에게 존재조차 몰랐던 '협동로봇'을 소개해줬다. 그리고 이 로봇을 자사에 어떻게 적용할 수 있을지 생각해 볼 기회를 제공했다. 이런 일련의 과정을 통해 유니버설로봇은 협동로봇 시장에서 리더로서의 포지셔닝을 강화하고, 강화된 포지셔닝은 영업의 기폭제 역할을 하고 있다.

2단계_ 영업의 빈자리를 채워줄 검색최적화

직접 콜드콜을 하고 이메일을 보내는 푸시push 마케팅의 시대는 이미 저물었다. 지금은 고객의 구매 여정에 맞춰 양질의 콘텐츠를 제공하고, 잠재고객이 직접 찾아올 수 있게 하는 풀pull의 형식이 주요하다. 그런 이유로 무엇이 문제인지는 파악하고 있으나 원인과 해결책에 대한 실마리가 없는 2단계 고객은 디지털 채널에서 많은 자료를 찾게 된다. 이때 포털 및 소셜미디어상에서 검색 시 잘 노출될 수 있도록 검색엔진최적화Search Engine Optimization, 이하 SEO가 잘된 관련 콘텐츠가 있다면 고객에게 유용한 정보가 된다.

검색 과정에서 고객이 느끼는 페인포인트와 솔루션을 잘 짚어주는 유사한 고객사례가 있거나, 시장 트렌드를 짚어주는 트렌드 보고서 또는 문제부터 해결책까지 일목요연하게 정리된 백서 등이 있다면 고객은 자신의 정보를 남기고 자료를 다운로드할 것이다. 실제로 그 자료가 유용하다면 고객과 디지털상에서 아주 좋은 라포Rapport가 형성될 수 있다. 이는 분명히 향후 영업에도 큰 도움이 된다.

콘텐츠 마케팅과 콘텐츠 노출을 극대화해줄 캠페인 마케팅팀이 큰 역할을 할 수 있는 단계다. 고객이 스스로 남긴 자신의 개인정보는 쿠키리스 시대에 소중한 마케팅 및 영업 소스가 된다. 그렇다면 쿠키리스 시대란 무엇을 말하는가?

애플과 구글은 사용자의 개인정보 보호를 강화하기 위해 제3자가 확보한 쿠키 데이터를 활용할 수 없도록 했다. 이러한 정책으로 인해 DMPData Management Platform를 활용한 리타기팅 광고가 불가능해졌다. 서드파티 쿠키가 없으면 디지털상에서 고객의 행동과 이동 경로의 추적이 어렵고 관심사를 파악하기 힘들어지므로 효율적인 광고를 하기가 쉽지 않다. 물론 구글 같은 대형 광고 플랫폼은 '프라이버시 샌드박스' 같은 새로운 기법을 대안으로 제공하고 있다. 하지만 광고의 가성비는 떨어질 것으로 예상된다. 바야흐로 쿠키리스 시대가 온 것이다.

이처럼 제3자의 쿠키를 활용할 수 없는 디지털 광고 시대에 접어들었으므로, 모든 기업은 이런 변화 속에서 자생력을 길러야 한다. 자사의 웹사이트 및 소셜미디어를 통해 직접 고객 및 잠재고객의 쿠키Zeo-Part, 1st Part Cookie를 확보하고 활용할 수 있어야 한다. 보다 자세한 내용은 디지털 마케팅을 설명하면서 다시 다룰 것이다.

3단계_ 고객의 솔루션에 도움되는 콘텐츠를 제공하라

3단계 고객은 이미 문제와 원인을 파악했다. 따라서 해결책을 찾기 위해 노력하고 있으며 디지털상에서 솔루션을 찾게 된다. 이런 고객들에게 시장 트렌드와 솔루션을 결합해 만든 백서나 시의적절한 웨비나 혹은 제품 론칭사례, 비슷한 상황에 놓인 고객사례 등은 큰 도움이 되는 콘텐츠다. 이러한 콘텐츠를 통해 특정 벤더를 만나면 우호적인 관계를 형성하게 되고, 보다 확신을 가질 수 있는 자료를 요청하게 된다. 그리고 이를 팔로업하는 과정에서 신뢰는 더욱 돈독해진다.

4단계_ 구매 액션을 유발하는 프로모션을 제공하라

4단계 고객은 이미 구매를 확정했으나 아직 브랜드를 정하지는 못한 상태다. 그러므로 디지털 마케팅을 통해 구매 액션을 유발할 수 있는 최적화된 프로모션을 제안할 수 있다. 이런 과정을 통해 리드가 실제 구매로 전환하게 된다. 혹은 구체적인 비교 등을 통해 경쟁우위를 입증함으로써 고객에게 확신을 줘야 한다.

5단계_ 한번 고객이 영원한 고객이 되도록 하라

5단계에 이르러 제품이나 서비스를 구매해준 고객이라면 여기서 끝이 아니라 다시 시작이다. 한번 고객이 영원한 고객이 될 수 있도록 충성도를 높이는 마케팅을 진행해야 한다. 실제

고객이야말로 가장 강력한 잠재고객 유인책임을 잊지 말자. 한 번 구매한 고객을 잡은 물고기라 생각하지 말고 더 잘 관리해 더 많은 구매 가능성을 열어두어야 한다.

RFP가 나오는 영업 과정만 있는 것이 아니라 상당수 솔루션은 고객이 셀프스터디 후 자체적으로 구매하는 경우가 많다는 걸 살펴봤다. 따라서 콘텐츠 마케팅 및 캠페인을 꾸준히 진행하는 게 중요하다. 그렇게 한다면 견적서 제출로 끝날 수 있는 잠재고객과의 관계를 한층 더 발전시킬 수 있다. 문제를 파악하고 솔루션을 찾아내는 협업의 관계로 끌어 올릴 수 있다는 뜻이다.

04 고객 단계별
콘텐츠 차별화 전략

각 단계별로 콘텐츠도 차이가 있어야 한다. 만일 타깃 시장 전체를 대상으로 폭넓은 인지와 관심을 유도하는 콘텐츠를 활용할 계획이라면 어떻게 해야 할까? 이때는 포괄적인 내용을 다루면서 광범위한 브랜딩 효과를 기대하는 업스트림 마케팅Upstream Marketing에 중점을 둬야 한다. 반면 특정 주제에 관심이 있는 대상을 타기팅해 전문적 콘텐츠를 제공하고 구매 전환을 유도하고자 한다면 다운 스트림 마케팅Downstream Marketing에 중점을 둬야 한다.

업스트림 마케팅의 대표적인 콘텐츠는 사고적 리더십 콘텐츠이고, 그 외에도 시장 리서치 데이터, 업계 트렌드, 자사 소식 및 제품 라인업 소개 등이 해당된다. 결정을 유도해야 하므로 다운스트림 마케팅의 대표적 콘텐츠는 좀 더 구체적으로 가야 한다. 구매 가이드, 검토 체크리스트, 웨비나, 모의 견적, 제품 데모 등이 적합하다.

고객의 니즈가 다르면 제공하는 콘텐츠도 달라야 한다

굳이 단계를 나누는 이유는 고객의 단계별 니즈가 다르기 때문이다. 아직 시장 파악이 안 된 단계의 고객에게는 시장 이해를 지원하는 콘텐츠가 필요하다. 반면 이미 시장과 벤더 둘 다 파악하고 있는 고객에게는 서로 비교할 수 있는 콘텐츠를 제공해야 한다.

우리 회사가 제공하는 관점으로 시장을 이해한 고객이라면 우리 솔루션과 제품을 더 좋아할 가능성이 높다. 이때는 업스트림 마케팅을 하는 것이 결코 낭비가 아니다. 하지만 아래 단계로 내려갈수록 가격 외에는 차별화가 어렵다는 문제가 있다. 그러니 시간이 좀 더 걸리더라도 가급적 고객을 상위 단계에서 만나는 것이 훨씬 더 좋은 결과를 낳는 길이다.

콘텐츠를 개발할 때는 비즈니스 가치와 개인의 성취 모두를 담아내야 한다. 그러려면 과거와는 다른 관점이 필요하다. 새로운 가치관을 가진 새로운 세대들이 고객이라는 점을 명심하자. B2B 브랜드도 서비스와 솔루션의 개인적인 가치를 입증할 수 있어야 하며, 개인적 터치 포인트를 제공할 수 있어야 한다. 기능적 가치 및 비즈니스 결과에 대한 비즈니스 가치보다 직업적, 사회적, 감성적, 이상적 혜택이 더 강하게 작용하는 시대라는 점을 감안하고 콘텐츠를 개발할 필요가 있다.

고객사의 담당자 입장에서 한번 생각해보자. 그에겐 지금 다니는 직장이 평생직장이 아니고 언젠가 이직하게 될 수도 있다. 그렇다면 지금 본인이 선택하는 제품과 솔루션이 자신의 경력에 도움이 되길 원할 것이다. 이런 제품과 솔루션을 직접 사용해봤다는 것이 경력으로 인정되어 다음 구직활동에 도움이 될 수 있어야 한다. 다시 말해 고객의 시장 경쟁력까지 챙겨야 한다는 말이다.

고객사 담당자 입장에서는 가격이 싼 제품을 선택해 회사에 미미한 이익을 주려 할까? 그보다는 평판이 좋은 제품을 사용해 회사에 이익을 주고, 그 제품을 사용해본 경험이 스스로의 시장 가치도 올려줄 수 있기를 바랄 것이다. 그만큼 고객이 진정 무엇을 원할 것인지를 제대로 파악하는 것이 중요하다.

"이 회사는 어떤 협업 툴을 사용하나요?" 스타트업 HR 담당자에 따르면 인터뷰하러 온 지원자들이 꼭 하는 질문이 바로 이것이라 한다. 스타트업 시장에서 구직자들은 회사를 두 가지로 구분한다. '슬랙을 쓰는 회사'와 '슬랙을 쓰지 않는 회사'. 지원자들이 협업을 정말로 잘하고 싶어서 이러한 질문을 했을까? 아주 높은 확률로 아니라고 생각한다.

전 세계 3,000명의 B2B 바이어를 대상으로 CEB가 조사한 결과 21.4퍼센트가 기능적인 혜택과 비즈니스 결과가 중요하다고 답했다. 그리고 42.6퍼센트가 커리어 발전, 사회적 인식, 감정적 선호도, 자기만족도 등의 개인적 가치가 더 중요하다고 답했다. 이러한 조사 결과가 의미하는 바를 잘 이해해야 한다.

같은 맥락에서 의사결정권자인 C레벨과의 친분만 믿고 실무 의사결정권자를 챙기지 않으면 안 된다는 점도 명심하자. 코끼리를 동기부여시키지 않고는 결코 가고자 하는 방향으로 나아가게 할 수 없다. 동기부여를 중요시 여기는 성향의 세대들과 일하고 있음을 명심하자.

우리의 제품과 솔루션을 설명하는 마케팅 메시지가 그들에

하룻밤에 읽는 B2B 마케팅

게 동기부여가 되는지를 다시 한번 깊이 생각해볼 필요가 있다. C레벨 입장에서 가격적 매력을 느끼게 하는 것은 중요하다. 하지만 그게 전부는 아니다. 실제 현업하는 과정에서 사용할 유저들이 내적 만족감을 느껴야 우리의 솔루션이 고객사에서 제대로 자리를 잡을 수 있다.

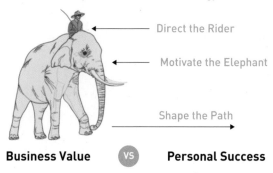

새로운 세대 & 새로운 가치 출현
"The elephant and the rider analogy"

Direct the Rider

Motivate the Elephant

Shape the Path

Business Value VS **Personal Success**

콘텐츠의 퀄리티가 담보되면 리드 발굴도 쉬워진다

콘텐츠 마케팅에서 콘텐츠가 단계별로 다 준비됐다면 이제 본격적으로 새로운 고객 발굴에 나서야 한다. 이미 우리가 알고 있는 고객보다 더 많은 잠재고객이 있으며, 우리가 미처 생각지 못했던 방식으로 제품을 적용하고 활용하는 똑똑한 고객이 있다. 그들을 적극적으로 찾아내야 한다.

웹사이트에서 고객의 연락처를 확보하는 것은 쿠키리스 시대에 너무나 중요한 활동이다. 그러려면 고객이 자신의 정보를 자발적으로 줄 만큼 우리의 콘텐츠가 매력적이어야 한다. 다운로드해서 공부하고 싶을 정도의 가치가 있는 콘텐츠, 본인의 보고서에 인용할 만한 표와 그래프가 있는 콘텐츠를 고객들은 찾고 있다. 따라서 고객이 필요로 할 만한 자료를 미리 만들어 웹사이트에 올려두고 다운로드할 수 있게 해야 한다.

콘텐츠의 퀄리티는 중요하다. 그것을 통해 그 회사의 격, 나아가 고객 자신의 격이 결정된다고 생각하는 경향이 있기 때문이다. 특히 해외 마케팅을 할 때는 영어 퀄리티에 신경 써야 한다. 콘텐츠 전문가 원어민의 감수를 거치지 않은 번역본은 좋은 결과를 낳기 어렵다. 한국어를 할 수 있다고 해서 모든 한국인이 글을 잘 쓰는 게 아니듯 영어를 할 수 있는 것과 영어로 글을 잘 쓰는 것은 별개의 문제다. 영어권에 오래 살았던 것과 구사하는 영어의 퀄리티는 상관관계가 없으므로 반드시 적임자에게 제대로 된 검수를 받아야 한다.

미디어 에코시스템을 이해한 뒤 광고를 집행하라

　다양한 미디어와 플랫폼이 생겨나면서 지금은 미디어의 경계가 모호해졌다. 따라서 자사 채널인 온드미디어를 중심으로 언드미디어와 페이드미디어의 도움을 받아야 한다.

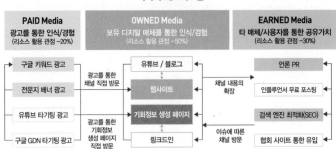

미디어 에코시스템

　잘 만든 콘텐츠를 갖고 있다면 집에 앉아 손님이 오기만을 기다려서는 안 된다. 손님이 찾아올 수 있게 유도하는 전략이 필요하다. 웹사이트(온드미디어 중 하나)를 찾아오지 않는 고객을 위해 고객이 자주 가는 곳에 콘텐츠를 가져다 놓는 것이 그 한 방법이다.

　소셜미디어 채널(온드미디어 중 하나)에 올리고, 타기팅 광고

(페이드미디어 중 하나)를 하고, 유력 미디어(언드미디어)에서 콘텐츠가 다뤄질 수 있게 해야 한다. 자신 있는 콘텐츠가 있다면 광고(페이드미디어 중 하나)라는 툴을 활용해 우리의 잠재고객이 있는 곳에 콘텐츠가 게재될 수 있도록 유도할 필요가 있다.

자사의 미디어 채널, 즉 온드미디어 소셜채널 및 웹사이트도 광고가 게재되지 않으면 고객과의 접점에 한계가 생긴다. 리치가 전혀 없는 콘텐츠를 무작정 소셜미디어에 올리는 것은 괜한 낭비다. 좋은 콘텐츠를 만들었다면 제대로 광고를 해야 하며, 그 콘텐츠를 통해 얼마의 리드가 발생하는지 그 효과 역시 구체적으로 확인해봐야 한다.

잠재고객 도달 가능성 vs. 메시지 통제 가능성

미디어의 영향력과 통제 가능성을 두 축으로 그린 그래프다.

하룻밤에 읽는 B2B 마케팅

우리 회사 소유인 온드미디어는 당연히 통제된 메시지를 노출하기 좋다. 하지만 우리 웹사이트나 소셜미디어는 타깃 고객에게 노출될 가능성이 상대적으로 적다. 그래서 페이드미디어(광고)의 도움을 받아 도달을 높여야 한다. 반면 언드미디어의 경우 통제는 어렵지만 리치는 아주 높다. 즉 언론사나 방송국의 기사는 통제하기 어렵지만 많은 사람에게 도달하고 그만큼 영향력도 크다. 이런 이유로 언드미디어에 많이 노출되기 위해서 B2B 기업들은 반드시 PR을 해야 한다.

B2B 마케팅의 핵심 KPI는 브랜딩 리치와 리드 숫자

마케팅팀의 KPI도 영업팀과 마찬가지로 숫자다. B2B 기업 마케터의 가장 중요한 역할은 브랜드 인지도를 올리고 리드를 발굴하는 데 있다. 리드는 구매 의사가 있는 잠재고객의 컨택 정보를 확보하는 것을 말한다. 이를 위해 마케팅 캠페인을 주기적으로 진행하고, 고객의 컨택 정보를 취합해야 한다. 그런 후 취합된 고객의 데이터베이스를 활용해 정기적으로 신규 콘텐츠를 제공하는 등 지속적인 재교육이 필요하다. 이를 통해 세일즈로 연결될 수 있는 체계를 만드는 것이 중요하다.

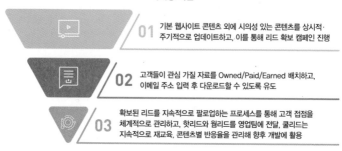

마케팅 퍼널

01 기본 웹사이트 콘텐츠 외에 시의성 있는 콘텐츠를 상시적·주기적으로 업데이트하고, 이를 통해 리드 확보 캠페인 진행

02 고객들이 관심 가질 자료를 Owned/Paid/Earned 배치하고, 이메일 주소 입력 후 다운로드할 수 있도록 유도

03 확보된 리드를 지속적으로 팔로업하는 프로세스를 통해 고객 접점을 체계적으로 관리하고, 핫리드와 웜리드를 영업팀에 전달, 쿨리드는 지속적으로 재교육, 콘텐츠별 반응율을 관리해 향후 개발에 활용

파이프라인을 수치화하는 투명한 기업문화

대개의 경우 마케팅에서는 가급적 많은 리드를 만들어내고, 인사이드 세일즈를 통해 한번 걸러진 이후 유망한 리드들만 영업팀과 연결되는 것이 가장 효과적이다. 제대로 된 마케팅 캠페인에서 확보한 일반 리드 중 70퍼센트 정도는 육성Nurturing 할 가치가 있는 리드들이다. 이 중 계속 콘텐츠를 제공하면서 가망 높은 리드로 전환될 확률은 10~20퍼센트 정도다. 가망이 높은 리드까지 오게 되면 영업팀과 미팅을 잡을 확률이 다시 50퍼센트로 높아진다. 그 이후 상담과 수주로 이어질 가능성은 업계에 따라 다르지만 대략 25~50퍼센트 사이로 보면 된다.

하룻밤에 읽는 B2B 마케팅

이 과정에서 효율을 계산하고 전환율을 분석하는 작업은 대부분 자동화로 이뤄진다. 세일즈포스 세일즈 클라우드를 비롯해 각 기업에서 다양한 솔루션을 사용하고 있으므로, 영업팀뿐 아니라 마케팅팀도 이 영업 툴을 꼭 함께 사용해야 한다. 마케팅이 리드를 얼마나 피딩feed 해주느냐는 중요하다. 경영진의 입장에서는 예측 가능한 투명한 파이프라인을 관리하는 원동력이 되기 때문이다.

물론 딜이 클로징되고 나면, 이게 마케팅의 인풋이었는지 영업의 성과였는지를 두고 설왕설래하는 현상이 나타난다. 이는 어느 조직에나 있는 일이다. 중요한 사실은 딜이 클로즈되었다는 점이다. 딜이 클로징되기 위해서는 조직의 수많은 사람이 다 함께 노력해 도출된 성과였음을 간과하지 말자. 모두가 자기 자리에서 제 역할을 다할 때 성공적인 수주가 가능하다.

다쏘시스템의 업스트림 & 다운스트림 마케팅

국내에서 B2B 마케팅의 정석을 꼽으라면 다쏘시스템Dassault Systèmes을 빼놓을 수 없다. 프랑스 기술 기업인 다쏘시스템은 본사부터 지사까지 체계적으로 마케팅을 집행한다. 1981년 3D 설계 솔루션 카티아CATIA를 출시했으며, 1989년에는 보잉과 협력해 보잉777Boeing 777을 3D 플랫폼에서 버추얼 트윈으로 설계 및 시뮬레이션했다. 보잉777의 실물 테스트 버전을 제작하지 않고 이루어낸 성과다. 그뿐 아니다. 전 세계 벤더들에게 부품을 만들어오게 한 다음 한 번에 조립에 성공했고, 이를 통해 3D 디지털 목업3D Digital Mock-up이라는 개념을 알리며 세상을 뒤흔들었다.

가상 공간에서 설계와 테스트를 비롯해 모든 과정을 다 마칠 수 있다는 것은 무엇을 의미할까? 이는 시간, 비용, 자원을 획기적으로 절감할 수 있다는 뜻이며 일대 혁신이다.

정답이 아닌 질문에서 혁신의 동력을 찾다

기술적으로도 놀라운 혁신이지만 마케팅 관점에서 보면 이 회사의 독특한 성장 방식은 더욱 놀랍다. 초기에는 연구소 중심으로 시작해 제품 개발에 포커싱하고 제품 판매를 IBM에게 맡겼다. 그러다 전 세계적으로 조직이 충분히 성장한 2009년에는 IBM PLM 사업부의 영업 및 고객지원 조직, 고객계약 및 관련 자산을 6억 달러에 모두 인수했다. 사실 그때까지는 상당수의 카티아 고객들이 다쏘시스템의 카티아가 아니라 IBM의 카티아로 인식하고 있었다.

마케팅, 영업, 고객 서비스 조직을 내부적으로 완벽하게 갖춘 다쏘시스템은 2009년 9월 조직 인수와 함께 CSO Chief Strategy Officer이자 수석 부사장으로 모니카 맹기니Monica Menghini를 영입한다. 광고대행사 CEO 출신인 모니카 맹기니는 엔지니어들만 있는 회사에 들어와 '3DExprience'라는 비전을 수립하며 3D 기술을 경험경제로 풀어낼 수 있는 기반을 마련했다. 그리고 회사의 비전을 외부와 소통할 수 있도록 '콤파스Compass'라는 심볼을 만들었다. 이 심볼을 통해 회사의 전략과 제품군을 한 번에 이해할 수 있게 한 것이다.

그 이후 마케팅 조직을 세팅하고, 12개 주력 산업군을 선정한 뒤 '고 투 마켓Go-to-Market 전략'을 수립했다. 그녀가 모든 것을 세팅한 후에 진행한 첫 번째 광고 캠페인이 'IF WE'다. 이 캠페인으로 회사의 모든 철학, 비전, 전략을 설명했으며 동시에 고객들의 상상력을 자극함으로써 다쏘시스템의 솔루션을 통해 기업이 무엇이든 할 수 있도록 유도했다.

"우리가 올바른 질문을 하면 세상을 바꿀 수 있습니다IF WE ask the right questions, we can change the world." 2012년 진행한 광고 캠페인의 슬로건이다. 지금 봐도 신선하고 창의적이며 유의미한 메시지가 담긴 캠페인이다. 이처럼 10년이 지나도 여전히 영향력 있는 광고 캠페인을 만들 수 있다는 사실이 놀랍지 않은가.

이탈리아에서 학창 시절을 보낸 모니카 맹기니는 배구선수로도 활약했다. 190센티미터 가까이 돼 보이는 큰 키에 넘치는 카리스마로 항상 주변을 압도했으며, 기술 기업을 지속가능한 글로벌기업으로 성장시켰다. 무대에서 좌중을 리드하며 발표하던 마케터이자 전략가인 동시에 비전가인 이태리 북부 멋쟁이 모니카 맹기니의 아우라를 잊을 수 없다. 그러나 이 모든 것이 그녀 혼자만의 성과는 아니다. 이러한 성과는 전략가가 전략을 제대로 펼칠 수 있게 길을 열어준 최고의 비전가 버나드 샬레Bernard Charles 회장의 전폭적인 신뢰와 지원, 혜안이 없었다면 이루기 힘들었을 것이다. 이들의 신뢰와 협조가 만들어낸 시너지의 결과물이다.

시대를 앞서가는 기업 다쏘시스템은 정답을 좇기보다 질문을 던짐으로써 언제나 중요한 화두를 제시한다. 2012년 당시에도 그랬다. 이 회사가 매년 던지는 화두는 놀라움을 자아낸다. 다쏘시스템은 비행기 설계에서 시작해 사물, 지구, 인체, 우주까지 아우르는 가상 세상을 제시한다. 진짜 세상에서는 실패하지 않도록 가상 세상에서 마음껏 상상하고 시도하게 해주는 회사다. 'IF WE'라는 질문으로 사물에 적용하던 기술을 이제는 인간에게 적용하고 있다. 여기서 끝이 아니다. 이를 지구와 우주로 확장해 시장을 개발하면서 성장을 이어가고 있다.

2018년 다쏘시스템은 다보스포럼에서 발표한 '글로벌 지속가능경영 100대 기업글로벌 100' 1위로 선정됐다. 당시는 기업들이 지속가능성에 대해 고민조차 하지 않던 시기다. 이것만 봐도 다쏘시스템의 비전이 얼마나 앞서 있는지를 짐작할 수 있다.

최고의 전략가가 제대로 세팅한 마케팅 조직은 그 이후로도 아주 효과적인 방식으로 멀티채널 시대에 대응하고 있다. 업스트림 마케팅은 PR과 3DExprience Forum으로 만들어내고, 다운스트림 마케팅은 소셜채널과 디지털 캠페인으로 촘촘하게 다져가면서 브랜딩부터 리드젠까지 B2B 기업 마케팅의 모범을 보여준다.

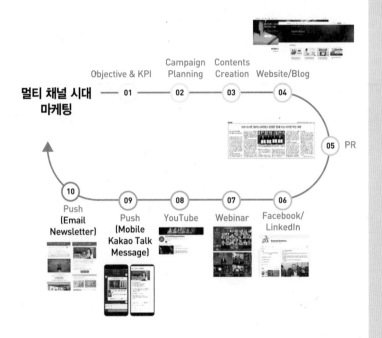

AI와 로봇 자동화 과정에서 만나는 자기 성찰

RPA, 즉 'Robotic Process Automation'이라는 용어는 2019년부터 사용되기 시작하다가 최근에는 조금 더 대중적으로 확산되고 있다. RPA 분야 1위 기업인 유아이패스의 공동창업자 다니엘 디네스는 '1인 1로봇 시대'를 전망했다. 사무직 종사자라면 누구나 자신의 컴퓨터에 로봇을 설치해 단순한 일은 로봇에게 위임하고, 사람은 로봇에게 시킬 일을 기획하거나 더 중요하고 부가가치가 높은 일을 하게 될 것임을 내다본 것이다.

RPA를 도입하는 기업들은 단순하고 반복적인 업무를 로봇에게 맡김으로써 업무 프로세스를 획기적으로 혁신하겠다고 말한다. 더불어 비용을 절감하고 생산성을 높이겠다는 야심 찬 목표를 갖고 프로젝트에 돌입한다. 실제로 최근 한 기업이 RPA를 도입했다. 이 과정에서 만난 RPA는 어떤 모습이었으며, RPA를 처음으로 만난 사무직 종사자들의 반응은 어떠했을까? 또 RPA 도입을 통해 기업이 실제로 마주하게 되는 뜻밖의 현실은 무엇이었을까? 이 세 가지를 중심으로 이야기해보고자 한다.

정형 데이터가 없는 회사에서도 RPA는 유용하다

그동안 RPA는 이름만 들어도 모두가 아는 대기업들이 도입했다. 그런

데 대기업의 한 부서에 불과한 마케팅 전문 기업에서 RPA를 도입하는 일이 있었다. 이미 ERP, SCM, CRM 등을 다 사용해본 대기업들이 쏟아지는 데이터를 감당하지 못해 도입한 것이 RPA다. 그런데 정형 데이터라고는 거의 없는 회사가 RPA를 도입한다고 하니 구축해주는 회사도 당황하는 눈치였다. 창의력을 추구하는 비정형 데이터가 대부분인 회사에서 RPA를 어떻게 활용할 수 있을까?

처음에는 RPA에 맡길 일이 그리 많지 않았다. PR팀 직원들이 아침마다 하는 뉴스 모니터링 서비스와 매일의 뉴스를 축적해 만드는 월간 보고서 작업을 맡기는 정도였다. RPA를 활용한 결과는 어땠을까? 사람이 하면 한 시간이 걸리는 모니터링을 RPA는 4분이면 끝냈다. 로봇의 장점이 무엇인가. 바로 지치지 않는다는 것. 그런데 빠른 속도로 일을 마친 로봇이 대부분의 시간을 쉬고 있었고, 바로 이 지점에서 직원들의 고민이 시작됐다.

RPA가 할 수 있는 일, 즉 창의력이 필요하지 않은 업무를 찾아내기 시작했다. 이 과정은 직원 개개인의 업무를 쪼개 세밀하게 분석해볼 기회를 마련하는 계기가 되었다. 그중 '인플루언서에게 제품 대여하기'라는 업무가 있었다. 이 업무를 세분화해서 보니 그 안에는 10가지 정도의 단계별 작업이 존재했다. 그 작업 중에서 상당 부분은 사람이 해야 하지만, 일부분은 로봇이 할 수 있는 일이었다. 이렇게 해서 로봇에게 줄 일을 하나둘 찾아 나섰고 업무 효율을 높였다.

이 일은 단순히 로봇이 할 일을 찾는 데 멈추지 않았다. 그 과정에서 회사 내 업무 프로세스를 짚어보고 기업이 스스로를 성찰하는 계기가 되었기 때문이다. 이것이야말로 RPA 도입이 가져온 성과의 진면목이다.

로봇을 사용하는 데도 맞춰가는 시간이 필요하다

다음으로는 RPA 프로젝트에서 만난 직원들의 반응이다. 직원들의 반응은 일관성이 있다. ERP, CRM, SCM 등을 도입한 회사들을 찾아다니면서 20년 이상 구축사례를 취재한 경험을 토대로 내가 예상했던 바와 똑같았다. 20년 전 ERP를 도입한 기업들을 찾아가서 물었을 때와 같은 답이 나왔다.

"뭐가 좋아졌는지 잘 모르겠어요. 귀찮고 복잡하기만 한데 왜 도입했는지…. 결론적으로 이 솔루션은 제 업무와 맞지 않아요." 직원들은 대체로 이렇게 답한다. 사용자 경험을 아무리 향상시켜도 사용자들의 피드백은 늘 인색하다. 20년 전과 똑같다. 불만을 토로하는 이들 앞에서 한 번도 제대로 하지 못한 말을 이제야 책을 통해 해본다.

"그 시스템은 본인 편하라고 구축하는 게 아니고, 업무 방식을 바꾸라고 도입하는 거예요. 불평 그만하시고 얼른 일하는 방식을 시스템에 맞추세요. 한번 바꾸면 금방 적응됩니다."

솔직히 직원들은 '1인 1로봇'보다는 '1인 1비서'를 원했다. 척하면 척 알아듣는 비서 말이다. 로봇이 그런 비서가 되기 위해서는 서로 맞춰가는 시간이 필요했다. 사람들 사이에도 맞춰가는 데 시간이 필요하듯 사용자와 로봇 사이에도 맞춰가는 노력의 시간이 필요한 것이다.

비용 절감 그 이상의 가치를 품고 있는 RPA를 재발견한다

마지막으로 RPA 도입을 통해 기업이 실제로 마주하게 되는 현실은 무엇일까? 회사의 의도와 받아들이는 직원의 체감온도 사이에 갭이 있듯, 회사의 도입 의도와 실제 용도에도 차이가 있다. 그 차이를 줄여나가는 사이에 회사는 진짜 RPA를 어디에 활용할 수 있는지를 알게 된다. RPA로 비용만 절감하는 게 아니라 새로운 가치를 만들 수 있다는 가능성을 발견하는 것이다.

창의성을 추구하는 문과생이 대다수였던 회사들도 이제 이공계생을 뽑기 시작했다. RPA를 파이썬Python과 통합했을 때의 시너지, RPA를 텍스트 마이닝과 통합했을 때의 시너지를 발견했기 때문이다. 그러면서 회사는 직원들의 시간을 아껴주기 위해 소소하게 출항시킨 RPA 호에 더 큰 돛을 달아 큰 바다로 나갈 준비를 할 수 있게 되었다.

모니터링 서비스 및 마케팅 분석 서비스를 상용화하고 자동화할 수 있는 기업으로 한 발짝 내디딘 것이다. 이는 비용 절감을 넘어 새로운 비즈니스 모델을 만들어낸 계기가 되었다. 누군가 RPA 도입에 대해 문의한다면, 나아가 현재 비즈니스의 성찰을 원한다면 반드시 도입하라고 추천하고 싶다.

MARKETING ORGANIZATION

글로벌 B2B 기업에는 있는데, 우리 회사에는 없는 조직은?

3

비즈니스가 영속성을 갖추고

지속적으로 시장을 창출하는 역량을 확보하기 위해서는

마케팅 조직의 세팅이 무엇보다 중요하다.

마케팅 조직의 역할과 책임을 명확히 하고

해당 포지션이 할 일을 규정하라.

01 한국에는, 비즈니스는 없고 용역만 있다?

"한국에는 비즈니스는 없고, 용역 회사만 있을 뿐이다."

마케팅 회사의 대표를 지냈던 선배가 했던 말 중 가장 인상적이면서도 슬펐던 말이다. 대부분의 한국기업은 대기업이 요청하는 용역을 제공하는 하청기업이다. 강력한 고객이 있기에 생존에 대한 불안이 상대적으로 적기도 하고, 고객의 눈치를 봐서 용역 회사인 자기 회사를 자신 있게 드러내지도 않는다. 현재 고객의 까다로운 요구를 맞춰주는 것만으로도 어려운 일이기에 또 다른 시장으로 눈 돌릴 여유가 없는 것도 사실이다. 그러다 보니 자사의 비즈니스 운명이 상당 부분 고객의 결정에

좌지우지된다. 절대적으로 의존하는 고객사의 의사결정에 맞춰 비즈니스의 성장과 하락이 이뤄지는 경우가 많다.

용역이 주를 이루는 비즈니스의 문제점

한국에서는 "대기업의 1차 벤더 혹은 2차 벤더만 되어도 3대가 잘 먹고 잘산다."라는 우스갯소리가 있다. 대기업의 성장에 맞춰 해외 진출도 하고, 공장도 증설하고, 인력 채용도 할 수 있기 때문이다. 그러니 대기업과의 관계가 안정적이면 아무런 문

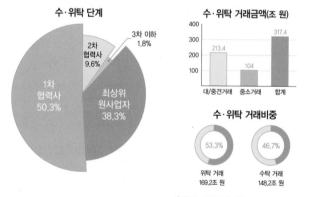

2022년 중견기업 기본통계

* 출처: 산업통상자원부(2023년 12월 27일 발표)

하룻밤에 읽는 B2B 마케팅

제없이 지속가능한 비즈니스를 할 수 있다.

실제로 2023년 12월 27일 산업통상자원부가 발표한 〈2022년 중견기업 기본통계〉에 따르면, 중견기업 중에서 최상위 원사업자는 38.3퍼센트인 반면 1차 협력사이거나 2차, 3차 합력사인 경우는 60.7퍼센트에 이른다.

일을 주는 몇몇 주요 고객사에 대한 의존도가 높기 때문에 그들을 잘 관리하느냐 아니냐가 기업 생존을 좌우하며 절대적 영향력을 미친다. 그러다 보니 고객사를 전담 관리하는 영업부서가 기업의 중심이 된다. 기업의 존재 이유는 이윤 창출이고, 이를 위해서는 매출이 필요하므로 영업이 기업의 중심이 되는 것은 당연하다. 현재의 매출을 책임지는 영업이 기업에서 가장 중요한 존재임은 두말할 것도 없다. 하지만 모든 일이 그러하듯 균형이 필요하다. 고객도 편중 현상이 있다면 위험 요인이고, 기업도 영업 의존도가 너무 높아지면 이 또한 위험 요인으로 작용할 수 있다.

영업은 단기간의 매출, 이번 분기 혹은 6개월 이내의 매출을 책임진다. 반면 마케팅은 다가올 매출에 기여해야 한다. B2B 마케팅을 통해 당장은 눈에 보이지 않는 6개월 뒤의 잠재고객들을 찾아내야 하는 것이다. 잠재고객을 찾았다면 그들이 이탈

하지 않고 계속 관심을 유지함으로써 매출을 일으킬 수 있도록 지속적으로 관계를 발전시켜나가야 한다. 이처럼 마케팅팀에서 안정적으로 파이프라인을 제공해줄 수 있어야 영업이 효율성을 더 높일 수 있다.

B2B 마케팅 관점에서 분류하는 다섯 가지 고객

B2B 마케팅 관점에서 고객은 다섯 가지로 분류할 수 있다. 목표 시장 종사자로 인지도를 높여야 할 대상. 구매 및 검토 가능성이 있기에 포털을 비롯해 소셜미디어에서 쉽게 만날 수 있어야 하는 대상. 경쟁사와 구체적으로 비교하면서 검토하는 고객들에게 더 적합한 고객사례를 소개하고 기업의 위상을 알려나가는 명성최적화의 대상. 특정 기간 내 구매 의사가 확실히 있어 영업팀으로 연결해주어야 할 전환 유도 대상.

이러한 고객을 대상으로 영업에서 거래를 완료하고 나면, 다시 마케팅이 관여해서 레퍼런스를 만들어줄 지지자로 전환시켜야 한다. 이렇게 선순환이 이뤄지면 기업은 안정적으로 매출을 예상할 수 있고 고객 대응을 선제적으로 할 수 있다. 그렇다면 고객을 이처럼 다섯 종류로 구분하는 이유는 무엇일까?

분류된 다섯 종류의 고객은 그 특성이 각기 다르다. 고객의 개별적 특성과 니즈를 알아야 어떤 공략법을 적용해 매출로 연결시킬지 구체적인 액션 아이템을 도출할 수 있다. 막연히 고객에게 다가가는 것이 아니라 기준을 세우고 분류해 고객의 속성을 찾아내고 거기에 맞춤할 구체적 접근법이 필요하다.

B2B 마케팅 관점에서 분류하는 다섯 가지 고객

타깃시장	인지도 강화 대상
잠재고객	검색최적화 대상
가망고객 LEAD	명성최적화 대상
파이프라인 PIPELINE	전환 유도 대상
고객 CLOSED	지자 전환 대상

전지전능한 만능 영업사원에 대한 기대

한국의 B2B 기업에는 영업만이 존재할 뿐 마케팅 개념이 없는 경우가 많다. 이런 관행으로 운영되는 기업은 비생산적이며 지속가능하기 힘들다. 현재 한국의 영업사원들은 어마어마한 역할을 해야 하는 경우가 많다. 영업 목표 시장을 설정하고, 실제로 잠재고객 리스트업을 하고, 콜드콜도 하고, 약속도 잡고, 미팅 후 제안도 해야 한다. 그뿐인가? 딜을 완료하기 위한 협상까지 책임지면서 혼자 1인 10역을 해내며 영업을 진행하고 있다.

하지만 모든 일을 혼자 다 해내는 것은 효율적이지 않다. 영업 전문가만이 할 수 있는 고도의 기술을 요하는 업무에 집중하는 게 좋다. 그 업무는 제안, 협상, 수주의 핵심적인 단계 정도다. 난이도 높은 업무에 영업 전문가들이 투입되어 실질적인 수주율을 높이는 것이 기업의 생산성을 높이는 지름길임을 잊지 말자. 그 외의 다른 일은 또 다른 적임자를 찾아서 맡겨야 한다.

02 기업의 성장 단계에 맞춰 마케팅 조직을 세팅하라

　영업의 생산성을 높여 매출을 극대화하기 위해서는 시장을 연구하는 마케팅팀이 타깃 리스트 개발을 해야 한다. B2B 마케팅팀에서 콘텐츠 마케팅과 세미나, 캠페인 등의 방법을 통해 고객의 니즈와 정보를 파악하는 작업을 선행해줘야 하는 것이다. 앞서도 말했듯 영업과 마케팅이 상호 협조하며 업무를 진행해야 비즈니스 시너지를 낼 수 있다.

　구매 의사와 관심도가 마케팅에서 파악되었다면, 그다음 업무는 인사이드 세일즈에 넘어가도록 한다. 아직 한국에서 생소한 개념이지만 인사이드 세일즈는 고객을 만나러 외부에 나가지 않고, 내부에서 영업하는 영업팀을 말한다.

단계를 세분화해 고객에게 다가가야 하는 이유

인사이드 세일즈팀은 무슨 일을 할까? 마케팅팀에서 건네준 리드들이 따끈따끈한지, 가능성이 있는지 없는지, 당장 영업팀에서 찾아가야 하는 건인지 등을 파악하고 깔끔하게 교통정리를 해주는 게 그 팀의 역할이다. 이런 팀이 있으면 마케팅과 영업의 기대 차이를 조정하고 고객의 니즈를 일차적으로 파악하는 것이 가능하다. 이는 실제 영업사원이 고객을 만나러 갈 때 첫 미팅에서부터 높은 승률로 시작할 수 있는 발판이 된다.

여기서 끝이 아니다. 한 번 구매한 고객은 재구매를 할 수 있도록 관계의 끈을 놓지 않아야 한다. 영업과 좋은 관계를 유지하는 것만으로는 부족하다. 멀티채널로 고객을 관리할 필요가 있다. 마케팅에 있어서도 고객과 접점을 만드는 게 중요하다. 영업인들이 특정 제품을 팔기 어렵다고 말할 때 가장 많이 하는 말이 있다. "국내에 레퍼런스가 없는데, 마루타도 아니고 누가 처음으로 쓰려 하겠어요."라는 말이다.

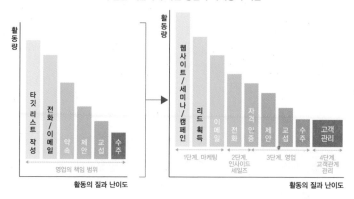

고객 발굴 세분화에 따른 영업과 마케팅의 역활

활동량

타깃 리스트 작성
전화/이메일
약속
제안
교섭
수주

영업의 책임 범위

활동의 질과 난이도

활동량

웹사이트/세미나/캠페인
리드 획득
이메일
전화
자격인증
제안
교섭
수주
고객관리

1단계, 마케팅 ｜ 2단계, 인사이드 세일즈 ｜ 3단계, 영업 ｜ 4단계, 고객관계 관리

활동의 질과 난이도

* 출처: 더 모델, 후쿠다 야스타카 지음, 미래지향

한편으로는 맞고, 한편으로는 틀린 말이다. B2B 마케팅의 핵심 콘텐츠 중 최고는 고객사례다. 이런 점에서 보면 맞는 말이다. 하지만 마케팅과 PR이 뒷받침된다면 세계 최초, 업계 최초, 국내 최초로 도입하는 것을 자랑스럽게 생각하며 앞다퉈 도입할 고객이 있다. 이런 점에서 보면 완전히 틀린 말이다.

어쨌든 고객사례는 매우 중요한 마케팅의 핵심 콘텐츠다. 따라서 마케팅팀에서도 고객사례를 어떤 내용으로 어떤 채널까지 확장할지 논의하면서 고객과의 관계를 확장해가는 것이 중요하다. 고객사례를 보도자료로 만들어 PR에서 활용할 수도 있고, 텍스트와 영상으로 만들어 웹사이트 및 소셜미디어 등에 올릴 수도 있다. 혹은 뉴스레터를 만들어 프로모션을 진행하는 데 활용할 수도 있다.

고객사례 한 개로도 충분한 캠페인 소재가 되는 것이 B2B 마케팅의 특징이다. 따라서 효과적인 브랜딩으로 시너지가 날 수 있는 고객을 잘 발굴해 고객을 통해 리드를 지속적으로 만들어나가야 한다. 마케팅은 고객들에게 더 큰 기회를 주는 행위이기도 하다. 콘퍼런스에 초청해 도입사례를 발표하게 하고, 고객이 해당 분야 전문가로 보일 수 있도록 언론 인터뷰를 진행하는 등 더 적극적인 방법을 활용할 수 있다.

미국이나 유럽의 기업들은 이런 방식을 너무나 당연하게 활용한다. 그러나 한국기업을 방문해 이런 설명을 하면 대기업조차도 이해하지 못한다. 그러니 중견·중소기업들이 이를 받아들이기란 쉽지 않은 게 현실이다. 미국에서는 스타트업들도 이런 공식을 그대로 따르는데, 이와 비교하면 안타까운 현실이다.

B2B 기업의 성장 공식에 맞춰 마케팅 조직을 세팅하라

미국 실리콘밸리의 경우 시장을 벤처캐피털들이 주도한다.

A시리즈를 받으면 조직을 이렇게 세팅하라, B시리즈에서는 이렇게 하라 등 각 단계별로 조직 세팅을 강력하게 요구한다. 당연히 스타트업들도 해당 포지션에 맞는 사람들을 적극적으로 채용하고 해당 역할을 하게끔 한다. 역할과 책임, 즉 R&R이 확실하고 채용할 때 항상 JD^{Job Description}를 기반으로 하는 문화가 있으며, 모든 것이 잘 세팅된다.

실제로 미국 스타트업 및 유럽 스타트업과 함께 일해본 경험이 많다. B2B 솔루션 회사였던 미국의 한 스타트업은 첫 해외 진출지가 한국과 일본이었다. 마케팅 부사장이 미국에 있었는데, 한국을 직접 방문해 계약을 체결했다. 구체적으로 한국 시장에서 원하는 바가 무엇인지 아주 명확하게 설명하고 돌아갔다. 그 이후 이 회사는 계속 투자를 받게 되었다.

처음 연락했던 마케팅 부사장의 리드 아래 놀라운 속도로 채용이 이뤄졌다. 6개월이 지난 후부터는 리포팅해야 하는 담당자가 점점 늘어나더니 콘텐츠 마케팅 담당자, 캠페인 담당자, 인사이드 세일즈 담당자, PR 담당자, 웹사이트 담당자, ABM 마케팅 담당자까지 총 여섯 명이 되었다. 매주 미팅을 진행하고 보고하는 것 자체가 큰일이 될 정도로 업무가 세분화되었다. 한국에 와 직접 계약을 진행했던 마케팅 부사장은 콘퍼런스에서 잠깐 인사를 나눌 수밖에 없었다. 그리고 그 이후로는 컨택할 일이 없을 정도로 조직이 방대하게 구성됐다.

더 놀라운 점은 처음에는 몇십 명이었던 그 회사의 직원 수가 2년 후 1,000명으로 늘어났다는 점이다. 벤처캐피털의 전폭적인 지원과 함께 영업과 마케팅의 세분화된 역할을 통해 전 세계적으로 빠르게 성장하면서 놀라운 성장 곡선을 그려낼 수 있었던 것이다.

이뿐만이 아니다. 유럽의 한 스타트업의 아태지역 마케팅을 지원하는 역할도 한 적이 있다. 처음에는 본사가 콘텐츠를 많이 만들 여력이 안 되므로 먼저 영어권 국가만 마케팅을 지원해주길 원했다. 그 요청대로 초반에는 싱가폴, 인도, 호주를 중심으로 마케팅 활동을 진행했다. 그 이후 본사의 언어 지원 역량이 확장되면서 순차적으로 시장을 늘려갔다. 홍콩, 한국, 일본, 베트남, 인도네시아, 말레이시아까지 확장할 정도였다.

B2B 소프트웨어 회사인 이 기업은 오로지 콘텐츠 마케팅과 PR에만 집중하면서 아시아권, 영어권 국가 전역으로 리드 발굴을 확장할 수 있었다. 이 과정에서 제품 마케터, 필드 마케터, 콘텐츠 마케터를 순차적으로 채용했다. 또한 그들이 아시아 전체를 관장해 에이전시와 협업하면서 세 명의 인원이 9개 국가를

효과적으로 매니징하고 있다. 물론 각 국가별 에이전시에는 여러 명의 담당자가 있었다.

03

기업 환경과
비즈니스 속성을 고려해
마케팅 조직을 구성하라

한국의 중견·중소기업이 지속적인 성장을 하고, 글로벌로 진출해 더 많은 고객을 확보하기 위해서는 영업 조직의 전문성을 강화하는 동시에 마케팅 조직을 세팅해야 한다. 마케팅 조직은 기업 환경과 비즈니스 속성에 따라 다양하게 구성할 수 있다. 제품 기획, 제품 마케팅, 콘텐츠 마케팅, 캠페인 매니저, 채널 마케팅, 필드 마케팅, IMC 마케팅 등 조직의 니즈와 시장 상황에 맞게 조직을 구성하고, 명확한 역할과 책임을 고려해 업무의 흐름을 만들어야 한다.

이런 조직을 세팅하고 영업 및 재무팀 등과 협업하기 위해서는 CMO라는 존재가 필요하다. 마케팅은 기업 전반의 모든 활동을 조율하는 역할을 할 수 있어야 하기 때문이다. 복합적 역량을 두루 갖춘 CMO가 있다면 조직을 더욱 빠르게 안착시킬 수 있다.

마케팅 총괄 담당자에게 필요한 네 가지 역량

CMO 및 마케팅 총괄은 기본적으로 콘텐츠 전략을 수립하고 기획하는 역량이 있어야 한다. 그러나 이것은 가장 기본적인 역량이며 이외에 다른 역량이 요구된다.

첫째, 디지털 마케팅이 대세이므로 디지털 플랫폼에 대한 전반적인 이해도가 높아야 한다. 그래야 업무 프로세스를 자동화할 수 있고, 고객과의 빠른 소통이 가능하다. 또한 타기팅된 맞춤형 소통을 촉진할 수 있는 기술과 툴을 활용할 수 있다. 둘째, 데이터 분석 능력이다. 웹과 소셜미디어 등을 통해 생성되는 데이터를 분석해 고객의 행동 패턴을 파악해야 한다. 셋째, 다음 단계의 과제를 도출하고 고객의 니즈를 파악하는 작업을 진행할 수 있어야 한다. 넷째, 대행사 및 내부 역량을 잘 파악하는 능력도 필요하다. 시장에 빠르고 효율적으로 대응하기 위해서는 인하우스 인력과 역량만으로는 어려울 때가 많기 때문에 전문 에이전시의 도움을 받는 것이 좋다. 이는 조직의 통합적 역량을 높이는 지름길이기도 하다.

이 네 가지를 종합해 CMO가 해야 할 가장 중요한 역할은 고객의 경험을 디자인하는 것이다. 고객의 니즈를 기반으로 콘텐츠를 기획하고, 언제 어디에서 잠재고객이 반응하는지를 모니터링할 필요가 있다. 이런 과정을 통해 고객의 경험을 계속 수정해나가며 최적화시켜야 한다. 디지털 마케팅에서 완벽한 세팅은 없다. 그래서 지속적인 테스트와 결과값 분석을 통해 매일매일 세팅을 바꾸면서 KPI를 달성하기 위해 노력해야 하는 것이다. 이 모든 테스트의 과정을 통해 고객 경험을 디자인하는 능력이 CMO에게 요구되는 가장 중요한 역량이다.

어떤 조직으로 구성할 것인가?

모든 기업이 미디어 기업

B2B 마케팅이 온전히 잘 세팅되면 기업은 자체적으로 충

분한 콘텐츠를 만들 수 있으므로 미디어 기업이 될 수 있다. 전직 〈파이낸셜 타임즈〉 기자인 톰 포렘스키Tom Foremski가 말한 것처럼 '모든 기업이 미디어 기업Every company is a Media Company, EC=MC을 실현'할 수 있다.

모든 기업이 테크 기업

B2B 마케팅이 온전히 잘 세팅되면 기업은 디지털 플랫폼을 활용해 더 많은 잠재고객에게 효율적으로 다가갈 수 있다. 그렇게 되면 브랜드 인지도를 높이고, 리드를 발굴하고, 실제고객으로 전환시킬 수 있어 진정한 기술 기업으로 거듭나게 된다. '모든 기업이 테크 기업Every Business Is a Technology Business'을 실천할 수 있다.

모든 기업이 데이터 기업

모든 기업은 이제 데이터 기업Every Company is a Data Company이 되기 위한 전환 모드를 준비해야 한다. 소셜미디어가 등장하면서 모든 기업이 미디어 기업이 돼야 했고, 디지털 트랜스포메이션의 시대가 도래하면서 모든 기업이 기술 기업이 돼야 했다. 이제 미디어 기업, 기술 기업에 더해 데이터 기업도 돼야 하니 마케팅의 과제는 점점 더 어렵고 막중해진다.

구글이 2023년 말까지 유예기간을 줬지만, 2024년부터 제3자 데이터 활용이 어려워졌다. 구글이 2022년부터 크롬에서 쿠키를 퇴출하고, '광고용' 정보수집을 목적으로 인터넷 사용자들의 방문기록을 추적하는 일을 하지 않겠다고 밝히면서 모든 기업이 크게 당황했다. 그동안 플랫폼 회사에 의존해 자본으로 해결하던 잠재고객 데이터 확보의 길이 막혔기 때문이다.

앞으로는 어떻게 될까? 플랫폼 회사에 의존하지 않고 고객의 자발적 동의에 의한 데이터를 스스로 확보해나갈 방법을 찾아야 한다. 이는 굉장히 어려운 일이지만 대안은 있다. 여러 번 말했듯 그 답은 '콘텐츠'에서 찾아야 하며, 그런 이유로 콘텐츠 마케팅 역시 점점 더 중요해지고 있다. 특히 상대적으로 어려운 내용을 다루는 B2B 분야에서 콘텐츠의 중요성은 더욱 높아진다.

산업 내에서 확고한 입지를 확보하기 위해서는 이제 콘텐츠의 신뢰도, 독창성, 관련성을 통해 가시성을 입증해야 한다. 광고를 통한 고객 유치 경쟁은 비용 면에서 점점 더 효율성이 떨어지고 있다. 그러니 광고 비중을 낮추고 콘텐츠의 신뢰도를 올려 고객이 자발적으로 신뢰할 수 있는 언드미디어가 돼야 한다.

다시 한번 강조하고 싶다. 한국에서 중견·중소기업을 운영하는 모든 오너들과 대표들이 우리가 용역을 진행하고 있는지, 비즈니스를 하고 있는지를 짚어봤으면 한다. 더 나아가 미디어 기업, 기술 기업, 데이터 기업으로 거듭날 준비가 되었는지도 살펴보길 권한다.

Z 세대가 밀레니얼 상사와 일하는 노하우, 피드백은 선물이다!

한때 밀레니얼과 잘 지내는 법, 밀레니얼이 꼽은 이상적인 상사, 밀레니얼이 싫어하는 상사 유형, 밀레니얼과의 소통법 등 일터에 새롭게 등장한 세대인 밀레니얼에 대한 다양한 조언이 쏟아졌다. 이 중 밀레니얼이 직장생활 잘하는 법은 여전히 세인의 관심을 끌고 있다. 하지만 간과하지 말아야 할 것이 있다. 시간이 흘렀고 이제 밀레니얼이 더 이상 부하직원만은 아니라는 점 말이다.

먼저 세대별 특성을 이해하라

조직에서 제일 어려운 역할을 맡는다는 중간관리자층 대부분이 밀레니얼 세대로 채워지고 있다. 회사에 1995년 이후 출생자인 Z 세대가 들어오면서 1990년대생에 이어 2000년대생까지 일터로 편입되는 추세다. 베이비붐 세대, X 세대, 밀레니얼 세대, Z 세대까지 다양한 세대가 공존하는 것이 지금 이 시대 회사의 현실이다.

같은 세대라 해도 모두가 같지는 않다. 여기엔 개인차가 존재한다. 그렇다 해도 회사에서 일하는 많은 밀레니얼을 볼 때 그들만의 특성이 있는 것 또한 사실이다. 밀레니얼 상사와 일할 때 Z 세대(이하 젠지)가 활용해야 할 팁이 분명 있다. MZ 세대라는 마케팅 용어가 많이 사용되면서 이들을 한데 묶지만, 분명 차이가 존재하는 다른 세대다.

최근 들어온 신입사원들은 모두 젠지다. 이들 입장에서 보면 밀레니얼도 꽤나 대하기 어려운 상사일 수 있다. 밀레니얼과 젠지가 팀을 이뤄 일하는 모습을 보고, 여러 종류의 보고를 받으면서 누군가 중재를 해줘야 한다는 생각이 들 때가 있을 정도다.

밀레니얼의 상당수는 코드를 중시하는 경향이 있다. 팀 내의 갈등, 팀원의 역량 부족 등을 목격할 때 '내가 굳이 이 대목에서 나설 필요가 있을까?' 하는 생각을 많이 하는 편이다. 나는 좋은 의도로 피드백을 주고 조언을 해주지만, 받아들이는 후배들은 꼰대의 잔소리로 이해할 수 있기 때문이다. 그러니 나의 소중한 시간을 애써 낭비하고 싶지 않은 마음도 있다.

그러다 보니 밀레니얼들은 팀 내 소통에도 소극적이다. 팀원의 역량을 강화하기 위해 피드백을 여러 형태로 줘야 하는데 그냥 "수정본 확인하세요."라는 말로 끝낼 때가 많다. 또 알아서 잘할 수 있는, 좀 더 역량 있는 사람을 뽑아달라며 HR팀에 요청하기도 한다. 회사도 바라는 바지만 그게 말처럼 쉬운 일은 아니다. 인재는 시간과 돈을 투자해 발굴하고 육성해나가야지 하늘에서 요행처럼 뚝 떨어지지는 않기 때문이다.

피드백 해주는 문화보다 피드백 요구하는 문화가 현실적이다

우리도 선배들에게 배우며 일하면서 익혀왔고, 회사와 고객이 준 기회를 성사시키기 위해 노력하면서 실력을 쌓아왔다. 후배들도 마찬가지로 그런 과정을 겪으면서 진짜 '경험'을 해봐야 앞으로 나아갈 수 있다. 하지만 정작 변화를 이끌 수 있는 주체는 밀레니얼이 아니라 젠지가 아닐까 싶다. 그래서 젠지들에게 적극적으로 피드백을 요청해야 한다고 조언한다. 선배들이 피드백을 해주지 않는 건 젠지가 좋아하지 않을까 봐 우려해서다. 그러니 팀장과 사수의 피드백이 필요하다는 사실을 알려주고, 충분한 피드백을 받고 성장할 수 있도록 스스로 나서야 한다. 그렇게 되면 선순환이 가능해진다.

알렉스 칸트로위츠의 책《올웨이즈 데이 원Always Day One》에는 페이스북의 피드백 문화에 대해 자세히 나온다. 저자는 기자로서 페이스북의 마크 저커버그를 처음 만났을 때의 스토리를 풀어낸다. 저자는 저커버그가 일반적인 CEO들처럼 혼자 50분 동안 설명하고 "혹시 질문 있으면 하세요."라고 말하리라 예상했다. 하지만 놀랍게도 저커버그는 그러지 않았다. 자신의 생각을 간단히 설명한 뒤 그 생각에 대한 피드백을 기자에게 요구했다.

이 일을 계기로 기자는 페이스북의 피드백 문화를 자세히 살펴보게 되었다고 한다. 페이스북에서는 교사 출신의 직원이 전 직원을 대상으로 피드백을 효과적으로 전달하는 방법과 피드백을 잘 받아들이는 법에 대한 강의를 한다. 그리고 피드백이 질책이나 비난이 아닌 선물이라는 점을 인식하도록 돕는다.

피드백은 선물이다

다양한 관점의 피드백, 특히 본인보다 경험이 많은 사람의 피드백이 도움이 될 때가 많다. 꼰대의 잔소리에서도 귀한 선물을 찾아낼 수 있다면 금상첨화 아닌가.《올웨이즈 데이 원》에서는 아마존, 페이스북, 애플, 구글, 마이크로소프트 다섯 개 회사가 공룡기업이 돼도 망가지지 않고 계속 발전하는 이유를 '기업문화'에서 찾는다.

이 회사들 모두 서로 다른 문화와 동력을 지니고 있지만, 근원적인 공통점이 있다. 유연하고 수평적이며 경청하는 문화가 작동할 수 있게 하고, 그 힘으로 혁신을 이어 나간다는 점 말이다. 새롭게 직장 생활을 시작하는 젠지들이 두려움보다는 새로운 것을 배우고 경험할 수 있다는 설렘을 갖기를 바란다. 이를 통해 나를 발전시킬 수 있도록 더 많은 피드백을 세련되게 이끌어내고 접수하면서 스스로를 업그레이드하는 노하우를 익혀나갔으면 좋겠다.

3C
CONTENT
CHANNEL
CONNECTION

B2B 기업 마케팅팀은
영업지원팀?
CEO 비서팀?
전시회 준비팀?

4

특정 고객이 주는 '용역'에 안주하지 않고,

스스로 시장을 창출하고

고객을 발굴하는 진짜 비즈니스를 해야 할 때다.

그러기 위해서 가장 중요한 것은

진정한 비즈니스를 가능케 하는 콘텐츠의 개발이다.

01 마케팅팀의 의미와 가치를 제대로 규정하는 데서 시작하라

B2B 기업 마케팅팀을 만나보면 명함에 적힌 부서 이름이 천차만별이다. 마케팅이 잘 자리 잡고 있는 외국기업은 부서명을 '마케팅'이라고 명확하게 표기한다. 이와 달리 국내기업은 대기업부터 중견·중소기업까지 명함에 적힌 부서 이름이 다양하다. 마케팅팀도 있지만 영업지원팀, 상품기획팀, 마케팅 커뮤니케이션팀, 고객경험팀, 경영전략팀, 브랜드 전략팀 등 팀 이름도 기업의 니즈를 반영해 다양하게 정한다.

마케팅팀은 잠재고객을 발굴하는 팀이지 회장님 비서가 아니다

더 중요한 것은 실제로 하는 일R&R이다. R&R을 명확하게 설정하는 외국기업과 달리 국내기업의 경영전략팀, 영업지원팀, 관리팀, 마케팅팀 등은 매일매일 R&R이 바뀌는 것이 현실이다. 어떤 경우에는 회장님이 어제 저녁 누구를 만났느냐에 따로 오늘 할 일이 바뀌기도 한다. 이거 조사해봐라, 저거 좀 찾아봐라, 왜 우리는 이런 게 없지 등등 새로운 주문이 매일 쏟아져 나온다. 더 중요한 것은 그러한 요구에 일관성이 없다는 점이다.

마케팅팀은 영업팀과 협업하는 부서지 지원하는 부서가 아니다

마케팅에 대한 회사 내 이해가 명확하지 않고, 역할에 대한 기대감 혹은 존중감이 다소 부족하다고 느낄 때가 많다. 마케팅과 회장님과의 관계뿐만이 아니다. 마케팅팀과 영업팀의 관계만 봐도 그 회사의 현재를 알 수 있고, 미래도 어느 정도 예측이 된다. 마케팅팀에서 에이전시를 선정하는 비딩에 영업팀 사람이 더 많이 들어온다. 그리고 질의응답 시간 동안 마케팅에 대한 질문은 하지 않고, 영업 입장에서 판매가 잘 안 돼 힘들다는 고충과 마케팅 무용론을 설파하는 경우를 종종 본다. 마케팅팀 장은 가만히 고개 숙인 채 듣고만 있고, 마케팅팀원은 익숙한 듯 체념한 듯 자포자기의 표정이다. 대표도 이런 상황을 그냥 지켜보고만 있다.

선을 넘는 R&R 간섭에 타 회사 사람이 개입해 마케팅의 고충을 두둔해주지만 회사 내의 역학 관계가 바뀔 리 없다. 이렇게 무늬만 있는 마케팅 부서는 왜 존재하는 것일까? 간혹 발표를 마치고 돌아오는 길에 만감이 교차할 때가 있다. 그 영업팀 수장은 마케팅팀을 영업지원팀 정도로 생각하고, 본인이 충분히 지원을 받지 못하고 있다고 생각하는 것이지 않을까 추측해 본다. 마케팅팀에 명확한 R&R을 부여하고, 비즈니스 목표에 부합되는 KPI가 주어지고, 독립적으로 운영되면 영업과 마케팅이 더 효과적으로 협업하고, 더 큰 시너지가 만들어질 텐데 그러지 못한 현실이 너무 안타까웠다.

앞 장에서도 이야기한 것처럼 B2B비즈니스에서 영업과 마케팅은 고객을 사이에 둔 불가분의 관계다. 마케팅이 잠재고객을 발굴하고, 영업이 수주해서 판매하고 나면 또다시 마케팅이 관여해 고객사례를 개발하고, 보도자료를 만들고, 영상을 찍고,

콘퍼런스에 초대하며 관계를 더 심층적으로 발전시켜나갈 수 있다. 이렇게 발전한 관계는 또 다른 잠재고객의 사이트 방문 요청에 유용하게 활용될 수 있으며, 업셀링과 크로스셀링을 할 수 있는 근간을 만들게 된다.

마케팅팀은 전시회만 준비하는 팀이 아니다

대부분의 B2B 기업에서 마케팅은 전시회를 준비하는 팀이라고 생각하는 경우가 많다. 이런 오해의 시작은 대체로 B2B 마케팅이 코로나 이전에 주로 국내외 전시회 참여를 주 업무로 하면서 발생한 것이 아닌가 싶다. 디지털상에서 고객의 리드를 확보하려 노력하지 않는 대부분의 회사가 잠재고객을 만날 수 있는 가장 확실한 방법이 대형 전시회와 콘퍼런스이다 보니 그 방법에만 매몰된 경향이 있다. 물론 대형 전시회와 콘퍼런스는 개인이 아니라 팀이 6개월은 준비해야 하는 엄청난 업무이기도 하다.

하지만 이게 전부여서는 안 된다. 마케팅 본연의 업무는 고객 창출이며 콘퍼런스 및 전시회 참여는 그 일환일 뿐이다. 고객을 창출할 콘텐츠를 개발하고, 제작하고, 캠페인을 진행해 리드를 만들어내고, 영업을 위한 파이프라인을 구축해내는 것이 마케팅 본연의 업무라는 점을 잊어서는 안 된다.

현재 한국 중견·중소기업 마케팅 업무 비중 vs. 이상적인 마케팅 업무 비중

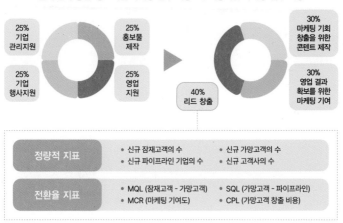

정량적 지표	• 신규 잠재고객의 수 • 신규 파이프라인 기업의 수	• 신규 가망고객의 수 • 신규 고객사의 수
전환율 지표	• MQL (잠재고객 – 가망고객) • MCR (마케팅 기여도)	• SQL (가망고객 – 파이프라인) • CPL (가망고객 창출 비용)

02 B2B 마케팅 부서의 이상적인 업무와 역할

앞서 나온 도표를 통해 B2B 마케팅의 현실과 이상적인 업무 비율을 살펴보았다. 홍보물을 제작하고, 회사의 온갖 활동을 지원하고, 영업이 요청하는 업무를 처리하는 마케팅 조직으로는 기업이 성장할 수가 없다. 마케팅팀이 제 역할을 다 할 수 있도록 조직이 정비되어야 성장할 수 있으며, 무엇보다 마케팅의 역할이 명확해야 한다. 콘텐츠를 만들고, 리드를 창출하고, 영업과 협업하는 전반의 과정을 크게 다섯 개 영역으로 나눠서 설명하고자 한다.

B2B 마케팅 활동 영역 및 과정

무엇을 말할 것인가?	어떻게 말할 것인가?	어떻게 전달할 것인가?	어떻게 확산할 것인가?	어떻게 효과를 알 수 있을까?
마케팅 전략 수립	**콘텐츠 개발**	**채널 정비**	**확산 캠페인**	**효과 측정**

• 마케팅 전략 수립
• 포지셔닝 전략 수립
• 브랜드킷 & 비주얼
  킷 제작
• 제품 론칭 개념 확립
	• 콘텐츠 내용과
	  포맷 결정
	• 고객 사례
	• 백서
	• 제품소개
	• 웨비나
		• 웹사이트
		• 대변인 육성
		• 링크드인
		• 카카오톡
		• 유튜브
		• 협력사
			• 리드젠 캠페인 기획
			• 내부 채널 활용
			  계획(Owned)
			• 외부 채널 이용
			  (Paid)
			  – 업계지 광고 활용
			  – 플랫폼 광고 활용
			• PR 활동 (Earned)
			• 뉴스레터
				• KPI & OKR
				• QBR 개념 확립하기

마케팅 활동을 시작하기 전에 우선 전략을 수립해 시장과 고객에게 무엇을 말할 것인지를 정해야 한다. 말하고 싶은 내용이 정해졌다면 우리가 전달하고자 하는 내용을 콘텐츠 형태로 어떻게 만들어낼 수 있을지를 고민해야 한다. 문제제기에 적합한 콘텐츠 포맷이 있고, 깊이 있는 기술을 알리기에 적합한 콘텐츠 포맷이 따로 있으며, 고객에게 확신을 줄 수 있는 콘텐츠 포맷이 따로 있다. 따라서 전달하고 싶은 메시지가 정해졌다면 그 다음은 그 메시지를 가장 잘 담아낼 콘텐츠로 발전시켜야 한다. 그것이 가장 중요하다.

콘텐츠가 만들어졌다면 그다음에는 이 콘텐츠를 어디에 올릴 것인가를 고민해야 한다. 채널별로 맞는 콘텐츠가 다르기 때문에 콘텐츠를 제작할 때부터 이 부분이 고려되어야 한다. 잘 만들어진 콘텐츠를 딱 맞는 채널에 올렸다고 끝나는 것이 아니다. 잠재고객이 방문해서 이 콘텐츠를 봐야 한다. 콘텐츠를 보게 하려면 캠페인을 진행해야 하는데, 이때 우리 회사 채널과 함께 타사의 방문자가 많은 채널들을 활용해야 한다. 구슬이 서말이어도 꿰어야 보배가 되듯 콘텐츠를 잘 만들어놓고 고객을 기다리면 안 된다. 잠재고객들이 있을 만한 곳에 콘텐츠를 올려놓고, 그들이 볼 수밖에 없게끔 만들어야 한다. 이 과정에 돈이 가장 많이 든다. 그래서 이런 캠페인이 끝나면 반드시 효과를 측정해야 한다.

지속가능한 마케팅 조직이 되려면 이러한 일련의 과정이 하나의 순환모델이 되어야 한다. 그러면 가장 완벽해진다. 전략을 수립하고 집행해 효과까지 측정했다면, 여기서 우리가 배운 점들을 다음 전략과 캠페인에 반영해 지속적으로 진화하고 발전시켜나갈 필요가 있다. 그렇게 되면 마케팅 조직은 정적인 조직이 아니라 기업의 성장을 이끌어낼 수 있는 역동적인 조직이 된다. 따라서 여기서 설명하는 것들을 일회성으로 한번 실험해보고 끝내지 말고, 이 모든 활동과 과정을 조직 내에 내재화해 조직이 지속가능한 성장을 하는 토대가 되기를 바란다.

선순환하는 이상적인 마케팅 활동

마케팅 전략 수립 **01**

콘텐츠 개발 **02**

채널 정비 **03**

04 캠페인 기획

05 효과 측정

06 더 나은 캠페인을 위한 개선점 확인 및 적용 기반 마련

다음에 나오는 5장은 실전편이다. 기업이 성공하는 B2B 마케팅을 실천하기 위해서 구체적으로 해야 할 업무를 다섯 개 영역으로 나눠 20개 체크리스트로 점검할 것이다. 구체적인 예시와 함께 적용 가능성을 고려해 설명하려 한다.

CORE CHECKLIST

성공하는 B2B 마케팅을 위한 5대 영역의 20개 체크리스트 점검

5

B2B 마케팅 활동은 마케팅 전략 수립, 콘텐츠 개발,

채널 정비, 확산 캠페인, 효과 측정의 5단계로 이루어진다.

이 5단계는 다시 20가지 체크리스트를 통해 점검하게 된다.

이는 성공하는 B2B 마케팅을 실천하기 위한 핵심이다.

01

마케팅 전략 수립

B2B 마케팅 컨설팅 문의는 코로나 기간에 가장 많았다. 이 유는 모두 동일했다. 매년 나가던 해외 콘퍼런스가 코로나로 막혀 이제 할 수 있는 게 아무것도 없는데, 무엇을 어떻게 해 야 할지 모르겠다는 문의였다. 코로나가 디지털 혁신을 가속화 했고 많은 기업이 디지털 마케팅을 시작했다. 코로나가 끝나 고 전시회는 다시 개최되고 있지만, 고객들의 디지털 여정Digital Journey은 계속되고 있기 때문에 준비해둔 디지털 혁신은 여전 히 효과를 발휘하고 있다. 바로 이것이 마케팅 전략을 수립할 때 디지털 여정을 반드시 고려해야 하는 이유다.

마케팅 전략을 수립하기 위해서는 기업의 비즈니스 목표를 확인해야 한다. 어떤 시장을 목표로 어떤 제품과 서비스를 팔고자 하는지, 정확한 목표를 알아야 이에 맞는 전략 수립이 가능하다. 마케팅 전략 수립을 위해서는 마케팅팀 내부의 회의만으로는 부족하다. 반드시 회사의 주요한 이해 관계자들과 다 이야기를 나눠봐야 한다. 의사결정을 주도하는 C레벨은 기본이고 함께 협업해야 하는 영업팀의 각 팀별 수장들과 이야기를 나눠볼 필요가 있다. 현업에서 고객을 만날 때 느끼는 고충이 무엇인지 알아야 마케팅에서 해결해줄 수 있기 때문이다.

영업팀마다 고객의 유형이 다르고, 고객의 니즈가 다르기 때문에 이를 정확하게 파악하기 위해 영업팀과의 심층 인터뷰를 진행할 것을 추천한다. 여기서 주의해야 할 것은 영업팀이 하는 말을 액면 그대로 들으면 안 된다는 것이다. 예를 들어 시장이 어려워져 가격 경쟁이 너무 거세지고 있다고 말한다면 이를 마케팅 관점에서 재해석해야 한다. '우리 회사의 경쟁력이 가격을 낮추는 것뿐인가?'라는 의문을 갖고, 가격 제시 이전에 기술력과 제품의 포트폴리오, 산업별 솔루션화를 제시했는지 체크해야 한다. 즉 고객과 직접 만나는 영업의 이야기에서 마케팅이 해결해줘야 할 솔루션을 찾아내는 과정이 필요하다.

B2B 마케팅 컨설팅 과정에서 임직원들과 대화를 통해 파악해본 니즈는 아래와 같이 여섯 가지가 대표적이었다. 회사마다 상황이 달라 여기서 더 추가되거나 삭제되는 부분이 있을 테지만, 경험상 대체로는 비슷했다. 물론 우선순위가 다르므로 그 우선순위에 맞춰서 문제를 해결해나가야 한다.

마케팅 컨설팅 과정에서 조사된 B2B 기업 임원과 영업들의 마케팅에 대한 기대

임원진과 영업의 마케팅 니즈가 파악되었다면 이제 전략을 수립해야 한다. 현재 우리 기업의 상태를 분석하고, 시장 환경을 파악하고, 경쟁사의 활동을 분석해 우리가 나아가야 할 방향을 잡으면 된다. 말이 쉽지 실무적으로는 아주 어려운 업무다. 게다가 굉장히 많은 시간과 노력, 고민을 필요로 하는 작업이다. 경력이 어느 정도 쌓여야 가능한 작업이고, 여러 사람이 협업하면서 서로의 생각을 발전시켜나가는 과정 또한 필요하다.

02

포지셔닝 전략 수립

이렇게 마케팅 전략이 수립되었다면 마케팅 활동을 위한 핵심적 의사결정인 포지셔닝 계획을 세워야 한다. 포괄적이면서 정교하고, 웅장하면서 민첩하고, 장엄하면서 귀엽고, 고급지면서 저렴한…. 그러나 세상에 이런 것들은 존재할 수 없다. 성공적인 마케팅을 하려면 우리 기업과 우리 제품을 가장 잘 드러낼 수 있는 한 가지를 선택해야 한다. 모든 것을 다 만족시키려다 보면 한 가지도 제대로 할 수 없는 게 현실이다. 우리 회사만의 경쟁력을 보여줄 수 있는 뾰족한 '한 가지'만을 선택해야 하는데 바로 이것이 포지셔닝이다.

코로나 기간 동안 공항에 승객은 없었지만 항공화물(이하 카고)은 최고의 성수기를 누렸다. 수요가 폭발하는 이 시점에 세계적인 카고들은 디지털 마케팅에 집중하면서 전 세계 고객을 잡기 위해 치열한 경쟁을 벌였다. 카고의 수요는 코로나가 끝나도 계속 이어지고 있으며, 잘 구축된 디지털 마케팅은 계속해서 빛을 발하고 있다. 전 세계 주요 해외공항들의 카고 마케팅 활동을 점검해보니 공통점이 있었다. 명확한 색깔을 갖기 위해 딱 한 가지 포지셔닝을 선택했다는 점이다. 이 포지셔닝을 통해 그들의 정체성과 강점, 비즈니스 지향점을 명확하게 이해할 수 있으며, 이는 모든 마케팅 활동으로 일관되게 연결된다.

포지셔닝은 상대적인 것이다. 그래서 경쟁사와 시장의 주요 기업들의 포지셔닝을 분석하고, 그 포지셔닝을 가능하게 한 그들의 장단점을 분석해 우리가 끼어들 수 있는 틈을 찾아내야 한다. 또한 우리의 장점이 가장 잘 부각될 수 있도록 해야 한다. 이때 한 가지 팁이 있다. 의인화를 하면 좀 더 쉽게 와닿을 수 있다. 아래 세계 주요 공항들의 포지셔닝 분석과 의인화를 통한 포지셔닝 사례를 살펴보자.

세계 1위 카고인 홍콩공항은 웹사이트에 내용이 정말 많으며, 주간 및 월간으로 업데이트되는 신규 콘텐츠의 양도 어마

하룻밤에 읽는 B2B 마케팅

세계 주요 항공화물 공항들의 의인화된 포지셔닝

콘텐츠 양 최강자 정신없이 바쁜 상인	• 압도적으로 방대한 콘텐츠양 • 주간 단위, 월간 단위, 연 단위 등 정기적인 업데이트로 점차 쌓여가는 콘텐츠양 • 시기별로 적절한 콘텐츠를 지속적으로 업데이트 (예: 의약품 콜드체인 48시)
CHANGi airport singapore **채널 전문가** 패기 넘치는 청년	• 웹사이트, 링크드인, 유튜브 등 모든 채널을 목적과 용도에 맞게 효율적으로 활용 • 정기적인 콘텐츠 업데이트 통해 살아 있는 채널로 활용 • 영업, 파트너 관리, 이미지 관리 등 종합적으로 활용
Fraport **권위와 품격** 여유 있는 전문가	• 유럽 최대를 강조하는 콘텐츠 • 월간 및 연간 단위로 업데이트되는 실적과 수상 내역에 대한 자세한 설명을 통해 유럽 1위 공항의 권위와 품격을 느끼게 함
Schiphol **최고의 전문성** 노련한 장인	• 작지만 강한 공항의 이미지를 직원들의 전문성으로 부각 • 공항의 규모가 아닌 운영의 묘를 강조하고, 각 요소마다 배치된 전문가들을 소개해 신뢰도를 높임
brussels airport **높은 고객 이해도** 전도유망한 청년	• 모든 채널에서 운영되는 콘텐츠가 고객의 관점, 더 나아가 고객의 고객까지 생각하고 있음 • 고객을 활용한 테스티모니얼 통해 의약품 전문성 강조 • 고객의 최종 고객의 행복한 일상을 목표로 설정

무시하다. 물류량과 콘텐츠의 양까지 두 가지 측면에서 절대적인 최강자다. 그렇다 보니 구글에서 검색량도 압도적이다. 물류량이 많으며 빠르게 잘 처리하는 카고임을 드러내주는 콘텐츠를 통해 '정신없이 바쁜 상인'의 이미지를 보여주면서 역시 1위라는 생각을 하게 한다. 이에 반해 한국의 인천공항과 포지셔

151

닝 측면에서 경쟁하고 있는 싱가포르 카고는 웹사이트, 링크드인, 유트브 등 모든 채널을 목적과 용도에 맞게 잘 운영한다. 현재의 규모가 탁월하지는 않지만 비즈니스를 체계적으로 확장해가고 있다. 그리고 각 비즈니스마다 자신감 있는 젊은 책임자들이 웹사이트와 링크드인 전면에 나서서 '패기 넘치는 청년'의 이미지를 보여주며 믿고 맡겨달라는 메시지를 전파한다.

유럽 지역 내에서는 프랑크푸르트 카고가 1위다. 유럽 내에서 물류량으로는 1위지만 바쁘거나 정신없지 않고, 콘텐츠도 빠르게 업데이트하기보다는 깊이 있게 업데이트한다. 하지만 '내가 유럽에서 1위'라는 강력한 자부심을 발산하며 권위와 품격에서 앞서가는 '여유 있는 전문가'의 모습을 보여준다. 이에 반해 스키폴 카고는 작지만 인력적인 측면에서 최강이라는 점을 내세우며 차별화한다. 공항의 규모가 아니라 운영의 묘를 강조하는 것이다. 각 분야별로 오랜 경험을 가진 전문가를 전면에 내세우면서 '노련한 장인'이 있는 카고라는 이미지를 확실히 해준다. 한편 브뤼쉘 카고의 콘텐츠는 철저하게 고객을 향하고 있다. 고객의 관점에서 '고객의 고객까지' 생각하는 콘텐츠를 통해 '고객의 고객을 행복하게' 해주는 비전을 명확하게 하고, 고객들의 테스트모니얼을 통해 고객으로부터 인정받고 있다는 점을 내세운다.

이처럼 전 세계 주요 카고들은 자신의 포지셔닝을 선택하고, 그에 맞는 콘텐츠를 개발하면서 자기와 가장 잘 맞는 고객들을 유치하기 위한 준비를 하고 있다. 전 세계 카고들의 마케팅 활동을 벤치마크하는 것은 한국의 중견·중소기업 입장에서 큰 의미가 있다. 각국의 카고들이 가진 하드웨어적인 한계는 명확하다. 공항의 크기, 국가의 경제 규모, 인구 등 당장 개별 기업이 어떻게 할 수 없는 결정적인 상수들은 정해져 있다. 그렇다고 해서 카고의 비즈니스 규모가 공항의 크기나 해당 국가의 경제 규모에 반드시 비례하는 것은 아니다. 대체로 깊은 상관관계가 있지만 이를 넘어설 수도 있다.

자국의 작은 경제 규모 한계를 넘어 '허브 공항' 역할을 하겠다는 목표를 세우면 할 일이 굉장히 많아진다. 이때 필요한 것이 마케팅 파워이며, 소프트웨어적으로 공항을 잘 운영하는 묘가 필요해진다. 한국경제가 가진 하드웨어적인 한계를 극복하고, 소프트웨어적인 측면을 본다면 한국 중견·중소기업의 시장은 훨씬 더 크다는 점을 이들을 통해서 보면 좋겠다.

03 브랜드킷 & 비주얼킷 제작

전략을 수립했고 포지셔닝을 어떻게 할지도 정했다면, 이제 실질적으로 이런 전략을 어떻게 각 업무에서 활용할 수 있을지 상세한 가이드를 줄 수 있는 '브랜드킷과 브랜드 비주얼킷' 제작을 점검해보자.

B2B 기업은 브로셔를 만들 일이 정말 많다. 업데이트가 수시로 일어나기 때문에 계속 변경해야 하고 플랫폼이나 인프라단의 영향력 있는 회사가 뭔가를 바꾸면 모든 업체들이 다 브로셔를 업데이트해야 하는 상황이 생긴다. 예를 들어 통신 인프라 기술 기업이 6G에 대한 구체적인 안을 제시하면 통신과 조

금이라도 관련 있는 업체들은 이에 맞춰서 6G 관련 내용을 모두 업데이트해야 한다.

브로셔 및 각종 제작물을 제작할 때 B2B 기업에 명확한 가이드라인이 있어야 한다. 가끔 VI^Visual Identity 브랜드 컨설팅만 받아 로고만 새로 받고 어떤 상황에 어떻게 적용해야 하는지 매뉴얼을 제작하지 않는 경우가 있는데, 절대 이래서는 안 된다. 반드시 아주 상세한 기업의 비주얼 가이드라인이 있어야 하고, 동시에 브랜드킷이 있어야 한다.

이 두 가지가 있으면 그 누가 마케팅 제작물을 제작해도 그 기업의 제작물은 크게 달라지지 않는다. 브랜드킷이 없으면 심각하게 브랜드 아이덴티티가 손상되는 경우가 있다. 예를 들어, 보수적인 임원이 오면 갑자기 콘텐츠가 딱딱해지고, 트렌디한 것을 좋아하는 임원이 오면 갑자기 모든 콘텐츠가 발랄해진다. 임원 혹은 담당자의 취향에 따라 움직여서는 안 된다. 고객이 우리를 명확하게 이해할 수 있도록 일관된 브랜드 아이덴티티를 적용해야 한다. 필요 시 전략에 따라 리브랜딩을 하는 것이지 담당자가 바뀌었다고 톤앤매너가 바뀌면 안 된다. 그러나 안타깝게도 이런 일이 자주 일어난다.

이런 일을 방지하기 위해 모든 작업을 하기 전에 제일 먼저

해야 하는 과정이 브랜드킷과 비주얼킷을 만드는 것이다. 브랜드킷에는 우리 회사를 소개하는 문구를 50자, 100자, 300자, 500자, 1,000자로 다 만들어놓아야 한다. 우리 회사 솔루션을 소개하는 문구도 마찬가지다. 그 누구도 임의로 작성해서 협력사에 주거나 고객사와 공유하면 안 된다. 잘 정리해놓은 브랜드킷에 기반해서 활용해야 한다.

만일 기업이 계속 성장세에 있고 지금 시점에서 외부로 공유되어야 하는 회사소개 문구가 정해져 있다고 해보자. 이런 기업이 여전히 5년 전에 사용하던 소개 문구를 그대로 사용한다면 어떻겠는가. 때 지난 기업 소개를 하는 꼴이 된다. 그런 일이 발생하지 않도록 브랜드킷을 만들고, 직원들에게 브랜드킷 활용에 대한 교육도 제공해야 한다.

비주얼킷도 중요하다. 로고 활용 가이드라인은 필수이며, 캐치 프레이즈가 있다면 어떻게 붙이고 어떻게 뺄지도 정리되어 있어야 한다. 가로형일 때와 세로형일 때, 배너를 제작할 때, 전시회 부스를 제작할 때, 볼펜 같은 기념품을 제작할 때 어떻게 회사의 로고 및 관련 이미지를 활용할 수 있는지에 대한 정확한 가이드라인이 만들어져 있어야 한다.

제품소개 브로셔도 깊이와 시각화 정도에 따라 다섯 가지 형태로 제작해서 사용하면 좋다. 1페이지 브로셔, 2페이지 브로셔, 4페이지 브로셔, 8페이지 브로셔, 16페이지 브로셔 등으로 구분하면 적절하다. 이 브로셔를 직원들이 상황에 맞게끔 사용할 수 있게 하고, 임의대로 브랜드 관련 업무를 진행하는 일이 없도록 주의해야 한다.

이렇게 브랜드킷과 비주얼킷이 완성되면 그 어떤 에이전시에게 일을 줘도 큰 문제없이 업무 진행이 가능하다. 심지어 해외 콘퍼런스 진행도 문제없다. 해외 에이전시에게 영문으로 된 비주얼 가이드를 주고 제작물 시안을 보내주면 된다. 현지에서 제작물들을 출력하며 컬러톤, 비율, 위치, 문구 등을 더블 체크할 수 있다.

해외 대행사를 다루는 일에는 한국 업체와 일하는 것과는 차원이 다른 어려움이 있다. 그래서 매뉴얼과 정확하게 정리된 타임라인을 제시하는 것이 더욱 중요하다. 이렇게 매뉴얼과 타임라인을 공유하면서 일을 하면 해외 대행사도 업무를 원활히 수행할 수 있다. 따라서 해외 전시에 나갈 때도 기획을 총괄해줄 국내 대행사와 현지 제작물을 전담해줄 해외 대행사를 적절히 활용함으로써 비용을 절감해야 한다.

인천공항 카고 브로셔

브로셔도 요약 버전과 전체 버전으로 구분돼 있어야 한다. 빠르게 파악하고 싶어 하는 경우를 위해 요약 버전으로 충족시켜줄 필요가 있으며, 상세하게 하나씩 짚어보고자 하는 니즈도 충족시켜줘야 한다. 특히 목차만 봐도 이 B2B 기업의 의도가 다 파악되어야 한다. 어떤 강점을 갖고 무엇에 집중하고자 하는지가 고스란히 나타나야 한다.

인천공항 카고 브로셔의 목차에는 경쟁력 네 가지, 주력 분야 세 가지가 명확하게 드러나 있다. 제품과 솔루션을 소개할 때 사양만 나열하면 안 된다. 중요한 것은 '고객의 관점에서 왜 이 제품과 솔루션을 선택해야 하느냐'를 명확하게 설명하면서 설득할 수 있어야 한다는 점이다. 경쟁력 네 가지가 고객에게 어떤 혜택을 줄 수 있는지 이해시켜야 한다. 또한 전문영역을 명확하게 제시해야 한다. 모든 것을 다 잘할 수 있다는 것은 설득력도 없고, 매력적이지도 않다. 주력 분야를 확실히 짚어줘서 어떤 고객과 연결되고자 하는지를 목차에서부터 큰소리로 외치는 생생하게 살아 있는 브로셔를 만들어야 한다.

04

제품 론칭 개념 확립

마케팅 전략 수립 과정에서 회사 내부 관계자들의 니즈 측면에서 보면, 제품 전략 수립이 마케팅팀의 존재 가치를 보여주는 핵심역량 부분이 될 수 있다. 기업의 목적은 이윤 창출이고, 이윤을 창출하려면 제품을 제값 받고 팔아야 한다. 이토록 중요한 제품 마케팅이 마케팅 전략에 잘 스며 있어야 하는 것이다.

기업에 따라 제품 기획의 역할을 마케팅에 넣기도 하고, 별도 제품 기획팀을 두기도 한다. 제품 매니저Product Manager는 제품을 기획하고 출시를 진두지휘하며, 시장을 예측해 가격을 결정하고 판매 수치를 예상한다. 나아가 제품의 전체 라이프사이클에서 어떤 전략을 취해야 하는지 등을 기획하고 총괄하는 사람이다. 이에 반해 제품 마케터Product Marketing Manager는 제품이 출시될 때 성공적으로 시장에 선보이고 시장의 주목을 받을 수 있도록 전략을 수립하며, 실행 프로그램을 총괄하는 사람이다.

이상적으로는 제품 기획을 마케팅팀이 수행하면 좋지만 대부분의 B2B 기업들의 경우 기술적인 부분이 많아 현실적으로 마케팅팀에서 하기 어려운 게 현실이다. 그러나 여기서는 그런 역할은 차치하고, '제품 론칭'이라는 개념이 전사적으로 필요하며 이것을 마케팅팀이 주도해야 한다는 이야기를 하고자 한다.

한국 중견·중소기업들은 대부분 용역의 개념으로 일을 하기 때문에 고객이 '이러이러한 것이 필요하다'라고 하면 그때부터 제품을 개발하기 시작하는 경우가 많다. 고객이 필요로 하지도 않는 제품을 선제적으로 만들어 판로를 찾지 못하면 비용적으로 큰 낭패를 보기 때문이다. 이는 기존의 비즈니스 관행으로 보면 아주 합리적인 판단이다.

그러나 이 책이 계속해서 강조하는 '지속가능한 성장을 위해 주도적으로 비즈니스를 하고자 한다면' 이야기가 달라진다. 고객의 니즈에 맞춰서 제품을 납품하는 개념을 넘어 우리의 로드맵에 입각해 출시하는 개념을 전사적으로 심는 것이 중요하다.

특히 대기업 1차 벤더 기업들은 사내 목표가 '납기 조기 달성'인 경우가 많다. 당연히 B2B 기업이 고객의 요청에 맞춰 제품을 납품하는 일은 중요하다. 하지만 비즈니스적 감각을 전사적으로 더하기 위해서는 제품 로드맵을 연 단위로 수립하고 분기 단위로 출시 제품을 선정할 필요가 있다. 나아가 출시되는 제품은 마케팅팀의 주도하에 웹사이트 업로드, 소셜미디어 포스팅, 고객 초청 세미나 등 좀 더 주도적이고 적극적인 제품 마케팅을 해야 한다. 그렇게 한다면 기업의 수익 창출 방식도 바꾸고, 일하는 문화도 바꿀 수 있다.

고객이 요청하면 개발해주는 개념이 아니라 선제적으로 론칭하고, 제품 론칭에 맞춰 PR 활동 및 마케팅 활동을 수립하며, 제품 담당자가 인터뷰를 하고, 캠페인 매니저가 신제품별 리드젠 캠페인을 통해서 인지도를 높이고, 직접적인 수요를 견인하는 모습을 보여주는 것을 추천한다. 제품 론칭이라는 전체 프로세스를 온전하게 경험하는 것이 절실하다. 대부분의 B2B 기업들은 마케팅 경험이 없고, 마케팅 커뮤니케이션 경험도 없다. 제품도 고객이 요구하거나 영업팀이 요청하면 그때부터 준비하는 경우가 많다. 이렇게 굳어진 기업의 일하는 방식을 바꾸기는 현실적으로 쉽지 않다.

한 번의 성공적인 제품 론칭 경험이 일하는 방식 전체를 바꾼다

제품 매니저가 선제적으로 제품 론칭을 기획하고, 협업을 통해 제품을 준비하고, 제품 마케팅팀과 협업해 출시에 필요한 제품소개서, 제품 PT자료, 브로셔, 이미지, 보도자료 등을 준비해보고, 영업과 판매 협력사들을 교육한다. 그런 다음 실제 영업과 판매 협력사의 고객 피드백을 받고, 다양한 마케팅 활동을 통해 제품에 대한 리드를 형성하며, 리드가 실제 영업으로 연결되는 속도를 측정해본다.

이런 사이클의 성공적인 경험을 한 번이라도 하게 되면 조직은 자신감이 생기고 변화의 동력을 얻게 된다. 생산적이면서 지속 가능한 비즈니스는 이런 선제적 제품 마케팅에서 시작된다는 점을 기업의 경영진들이 꼭 기억했으면 한다. 고객이 원하는 대로 만들어주기만 하면 영원히 하청업체에서 벗어날 수 없다는 점을 상기해야 한다.

05

콘텐츠 내용과 포맷 결정

네덜란드 스키폴Amsterdam Airport Schiphol 카고의 콘텐츠는 전문성에 집중해 구성돼 있기 때문에 각 영역별 전문가들을 전면에 내세워 신뢰를 주는 무거운 콘텐츠가 주를 이룬다. 반면 벨기에 브뤼셀Brussels Airport 카고는 고객의 고객을 중심에 놓고 모든 콘텐츠를 기획한다. 브뤼셀 카고의 콘텐츠 목표는 '고객의 고객'이 행복할 수 있는 서비스임을 강조하기 때문에 친밀감이 콘텐츠의 핵심이다. 상대적으로 소규모 카고지만 유럽 내 허브 카고를 자처하며 경쟁하는 두 카고의 콘텐츠는 내용도 포맷도 서로 다르다. 브뤼셀은 영상과 이미지 중심의 친근한 콘텐츠로 접근하고, 스키폴은 전문가의 인사이트가 가미된 인포그래픽 등 전문성을 강조하는 콘텐츠로 차별화한다. 즉 우리가 정한 전략과 포지셔닝에 맞게 콘텐츠의 내용과 포맷이 결정되어야 한다는 뜻이다.

아직까지 웹사이트나 브로셔 등 대부분의 콘텐츠가 텍스트 중심이기는 하다. 그러나 영상에 대한 니즈가 높은 시대이고, 텍스트보다는 비주얼과 영상에 대한 이해도가 더 높은 세대가 주도하는 세상이 다가오고 있으므로 포맷에 대해서도 좀 더 열려 있어야 한다. 모든 콘텐츠를 텍스트로 가득 채우기보다는 시각화를 위한 인포그래픽과 영상들을 활용해 효과적으로 개발하는 것이 좋다. 물론 포맷의 다양성보다 더 중요한 것은 콘텐츠의 전문성이지만, 수용자 관점에서 잠재고객이 좋아할 포맷에 맞춰 준비하는 노력이 필요하다.

06 B2B 마케팅의 최고 콘텐츠는 고객

B2B 마케팅의 최고 콘텐츠는 고객이다. B2C는 연예인이나 셀럽을 모델로 기용해 그들의 이미지를 제품에 입혀서 '모델의 이미지처럼 제품도 그러할 것이다'라는 가정으로 마케팅을 한다. 반면 B2B는 쉽게 제품의 기능과 품질을 판단하기 어렵고, 막상 적용했을 때 어떠할지 가늠하기 어려운 점이 있다. 그래서 B2B 콘텐츠 중에서 가장 인기 있는 것이 '고객사례'다. 직접 사용해본 고객의 경험담이야말로 잠재고객 입장에서 대입 가능한 콘텐츠라 유의미하다.

고객사례가 좋은 것은 알고 있지만, 고객의 동의를 구하기가 어렵다는 영업들의 완강한 태도에 좌절했다면 좀 더 유연하게 생각해보자. 고객을 마케팅에 활용하는 것도 수위가 천차만별이기 때문에 '무조건 안 된다'는 생각을 버리고, 다양한 옵션을 제공해 고객이 선택할 수 있게 하는 운용의 묘가 필요하다. 고객을 직접 인터뷰해 구축사례를 서너 장의 PDF로 만들고, 동영상 인터뷰를 해서 3~10분 사이의 영상을 만들 수 있다면 아주 좋다.

이게 안 된다고 한다면 웹사이트 및 브로셔에 넣을 수 있도록 한 문장짜리 인용문Quote이라도 제공받을 수 있도록 해보자. 만일 이것조차 안 된다고 할 경우 웹사이트에 로고를 넣을 수 있도록 요청해보는 것도 가능하다. 고객용 홍보동의서를 만들어 고객들이 체크할 수 있게 하면 좋다.

고객사로부터 홍보동의서를 받는 것은 고객사 내의 여러 가지 고려해야 할 역학 관계가 있으므로 쉽지 않지만 지속적으로 시도해봐야 한다. 글로벌 B2B 소프트웨어 회사에는 고객사례 개발만 전담으로 하는 인력과 팀이 있다. 눈에 보이지 않는 소프트웨어이기 때문에 고객의 증언Testimonial보다 좋은 마케팅 툴이 없고, 그런 이유로 전담팀까지 둔다. 또한 유인책도 있어야 한다. 그러니 고객사례 활용에 동의해준 고객에게는 다양한 혜택도 함께 제공하는 것이 동의를 보다 쉽게 이끌어내는 방법이다.

다음에 제시되는 케이스 스터디 '브뤼셀 카고의 화이자 고객사례'를 살펴보자. 이처럼 고객사례 개발의 포맷에도 트렌드가있다. 텍스트 구축사례는 기본이고, 여기에 유튜브용 동영상 제작이 가미되었으며, 글로벌 HR 플랫폼 기업인 리모트Remote는CEO가 직접 고객사들과 화상 인터뷰를 하고 스크립트까지 다공개한다. 텍스트나 유튜브의 정제된 콘텐츠가 아니라 토크쇼같은 대화를 통해 훨씬 더 진정성 있는 내용들이 전달되고 있다. 어떠한 포맷이어도 좋다. 가장 현실적으로 구현 가능한 형태로 하면 된다. 어쨌든 고객사례는 반드시 필요하다. 로고만넣어도 좋고, 한 문장으로 쿼트를 받아도 좋고, 어떤 문제를 우리와 함께 해결했는지 스토리로 개발할 수 있으면 제일 좋고,영상으로 만들 수 있으면 더 활용도가 높으며, 토크쇼처럼 대화로 풀어낼 수 있으면 진정성을 배가시킬 수도 있다.

브뤼셀 카고의 화이자 고객사례

고객친화적인 카고를 자처하는 브뤼셀 카고는 주력 분야인 의약품 분야에서 자사 콜드체인의 우수성을 보여주기 위해 고객사인 화이자의 사례를 콘텐츠로 발굴했다. 그리고 다양한 채널에서 활용해 의약품분야의 전문성과 고객친화적인 면모 모두를 성공적으로 보여주었다.

"Shipping pharmaceutical products to the other side of the world must often be done quickly. At the same time, most products have to remain at temperature and for this, close cooperation between the various links in the logistics chain is essential. This quality guarantee - that this can be done at Brussels Airport - is crucial for us."

'화이자'Pfizer의 물류 담당자 인터뷰

"의약품을 지구 반대편에 보내는 것은 아주 신속하게 이뤄져야 합니다. 또한 의약품의 온도가 반드시 일정하게 유지되어야 하기 때문에 이동하는 전 과정에서 물류망들의 긴밀한 협력이 필수입니다. 의약품 품질을 보장하는 것은 화이자에게 아주 중요한 일이며, 이 일은 브뤼셀 카고를 통해 실현되었습니다."

글로벌 HR 플랫폼 기업 리모트의 고객 토크쇼

리모트의 공동창업자이자 CEO가 직접 고객들과 화상 인터뷰를 하면서 리모트 플랫폼이 필요한 이유, 리모트 플랫폼을 도입해 경험한 효과 등을 토크쇼처럼 풀어낸다. 영상으로 공개되기를 기피하는 고객은 팟캐스트 형태로 진행해 얼굴이 나오지 않지만, 생생한 스토리는 전달될 수 있게 한다. 텍스트로 읽는 것보다 보거나 듣는 것에 익숙한 세대들을 위한 앞선 전략이다.

성공하는 B2B 마케팅 활동 체크리스트 07

07 킬러 콘텐츠
반드시 한 개는 있어야 한다

마케팅 활동을 위해 좋은 콘텐츠가 많으면 많을수록 좋다. 이 모든 콘텐츠가 웹사이트에 올라갈 테니 말이다. 쿠키리스 시대에 고객이 스스로 정보를 남길 만큼 매력적인 콘텐츠로 가득하면 좋겠지만 이것은 매우 어려운 일이다. 그런 퀄리티의 콘텐츠는 연구소 및 엔지니어들과 협업을 해야 만들어질 수 있는데, B2B 회사에서 그들은 너무 바빠 그들의 리소스를 활용하기가 여간 어렵지 않다. 마케팅팀의 콘텐츠 개발자가 공부해 쓰는 글은 깊이에 한계가 있을 수 있다. 그래서 항상 적절한 협력이 필요하다. 개발자가 쓴 너무 어려운 글과 마케터가 작성한 뻔한

글 사이에 타협점이 있어야 한다. 마케터가 열어주는 시장 관점에 우리 회사의 차별화 포인트를 개발자가 살짝만 더해주면 금상첨화다.

모든 콘텐츠를 매력적으로 만들 수는 없다 해도 킬러 콘텐츠가 반드시 한 개는 있어야 한다. 유튜브 채널에도 히어로 영상이 적어도 하나는 필요하듯 모든 플랫폼별로 킬러 콘텐츠가 하나는 있어야 한다. 킬러 콘텐츠는 가급적이면 잠재고객의 입장에서 그들의 보고서에 넣어서 인용하기 좋은 내용이면 완벽하다. 시장을 전체적으로 조망하거나, 시장조사를 한 데이터가 있거나, 트렌드 분석이 있거나, 아니면 최소한 자사가 확보하고 있는 수치라도 잘 가공해 인포그래픽이라도 만들어야 한다. 이런 콘텐츠들이 매년 정기적으로 발행될 수 있으면 더 좋다.

앞서 말한 세일즈포스의 〈세일즈 현황The State of Sales〉이라는 보고서처럼 매년 자료가 업데이트되어, 이 보고서만 봐도 매년 시장 흐름을 알 수 있다는 믿음을 고객들에게 심어주는 것은 정말 좋은 일이다. 카고 중에서도 싱가포르 창이Changi Airport와 스키폴은 데이터를 비주얼화해 자료를 매년 발행함으로써 고객들이 활용할 수 있을 뿐 아니라 협력사 등 관련 기업들이 쉽게 바이럴할 수 있게 한다.

하룻밤에 읽는 B2B 마케팅

기업이 자체적으로 리서치한 데이터로 보고서를 만들기 어렵다면 시장조사기관을 활용하는 것도 좋다. IDC, 가트너, 포레스트 등 다양한 조사기관을 활용해 시장 관련 데이터를 확보하고 그 데이터를 활용하자. 잠재고객들이 그들의 보고서에 활용하기 좋은 수치 정보들을 넣은 백서를 만든다면 이 또한 킬러 콘텐츠로 유용하게 활용될 수 있다.

이러한 킬러 콘텐츠가 있으면 캠페인을 진행하기 용이하고, 광고들을 활용해 웹사이트로 트래픽을 몰 수 있으며, 다운로드를 유도하기 좋다. 이런 이유로 B2B 마케팅에서는 콘텐츠가 왕Content is King이라고 하는 것이다.

08 제품의 사양 나열이 아니라 스토리를 입혀야 콘텐츠가 된다

B2B 기업은 마지막에는 제품을 팔지만 고객 니즈 5단계에서 본 것처럼 처음부터 제품 이야기를 하면 매력적인 기업으로 보일 수가 없다. B2B 마케팅은 고객의 페인포인트를 해결하고 비전을 제시해줘야 한다. 시장과 솔루션에 대한 이야기를 전면에 내세우고, 제품은 그 웹화면 이후에 자연스럽게 따라오게 해야 한다. 신제품을 출시했다면 웹사이트 첫 화면 롤링 배너에 하나 정도 들어가는 것은 괜찮다. 하지만 제품을 첫 페이지에 올리면 물건 팔 생각밖에 없는 상업적인 기업으로 오해를 받을 수 있다. 따라서 좋은 파트너로 포지셔닝해야 하는 B2B 비즈니

스에서는 좋은 접근이 아니다.

　미국의 첨단 소재 기술 기업 코닝의 웹사이트를 보면 수천 개도 넘는 수많은 제품이 있지만 절대 첫 페이지에서 제품을 언급하지 않는다. 첫 화면에서는 코닝이 지향하는 세상, 코닝의 리더십 등을 보여줄 수 있는 콘텐츠가 먼저 나오고, 그 하단에 제품을 보여주거나 링크를 통해 제품 페이지로 이동하게 한다. 제품 브로셔도 트렌드를 먼저 소개하면서 자연스럽게 제품 소개하기로 연결된다. 그뿐 아니다. 각 산업별 특화 솔루션은 입체적, 포괄적으로 다 보여줄 수 있도록 인포그래픽으로 준비한다. 구매 확정으로 연결하기 위해 산업별, 기업 규모별로 다양한 고객사례를 제시한다. 개발자 및 엔지니어들과의 협업을 통해 가치 있는 보고서를 꾸준히 공개해 '코닝이 나아가는 방향이 왜 맞는지', '시장이 결국 이렇게 가야 하는 이유가 무엇인지'를 과학과 데이터로 입증한다. 계속해서 강조하지만 마케팅은 'Why'에 집착해야 성공할 수 있으며 'What'과 'How'만으로는 부족하다.

제품을 소개하기에 앞서 보여주는
코닝의 다양한 콘텐츠 유형들

코닝Corning은 제품을 먼저 소개하지 않는다. 그에 앞서 시장 트렌드를 먼저 소개하고, 산업별 동향을 언급하고, 개별 고객의 니즈를 다루고, 연구소 엔지니어가 발견한 중요한 과학적 사실을 이야기한다. 그런 과정을 거친 후 소개되는 제품은 자연스럽게 큰 신뢰를 얻게 된다.

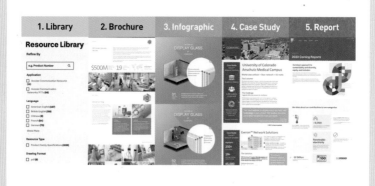

09 B2B 마케팅의 새로운 킬러 콘텐츠로 떠오르고 있는 웨비나

미국 광섬유 기업 OFS는 시장 및 고객 교육을 위해서 웨비나를 매월 개최한다. 교육을 목적으로 하지만 다른 한편으로는 잠재고객 정보를 확보하겠다는 목표도 있다. 웨비나를 진행하고 뉴스레터와 블로그를 발행하는 등 퀄리티 있는 콘텐츠를 제공하면서 잠재고객의 DB를 자연스럽게 확보한다. 그중 웨비나는 링크드인의 핵심 콘텐츠로도 활용되면서 채널 간 시너지를 보여준다.

코닝도 마찬가지다. 웹사이트의 상당 부분이 교육 콘텐츠들이고, 이 교육 콘텐츠가 고객 DB 확보를 위한 킬러 콘텐츠다.

인도 기업 STL도 마찬가지로 웨비나를 정기적으로 진행한다. 웨비나를 통해 해당 분야에서 사고적 리더십을 강화하고 제품을 소개하면서 고객 DB도 확실하게 챙길 수 있으므로 킬러 콘텐츠가 될 수밖에 없다. 게다가 오프라인 세미나에 비해 비용도 비교할 수 없을 만큼 저렴하니 진행하지 않을 이유가 없다.

✓ OFS는 매월 진행하는 웨비나를 링크드인 콘텐츠로 포스팅하고 있으며 등록을 위한 링크가 강조되어 있다. 이 링크를 통해 웨비나에 참여하고 싶은 고객들이 웹사이트로 유입되고, 자신의 정보를 스스로 입력하면서 등록한다. 쿠키리스 시대에 가장 절실한 활동들이다.

하룻밤에 읽는 B2B 마케팅

성공하는 B2B 마케팅 활동 체크리스트 10

10 웹사이트를 모든 소통의 중심에 놓고 최우선 관리한다

많은 B2B 기업에서 신규 비즈니스를 론칭하거나 신제품을 시장에 알려야 할 때 웹사이트를 만들어보라고 마케팅팀에 급하게 요청한다. 하지만 웹사이트는 필요할 때 뚝딱 만들어지는 게 아니다. 웹사이트를 구축하는 데는 총 19가지 단계의 작업이 필요하다.

내가 어떤 사람으로 보일 것인지, 어떤 역량이 있는지, 어떤 점이 최고 강점인지 등 나에 대한 브랜드 아이덴티티를 정립하는 게 중요하다. 기업 역시 마찬가지다. 그런데 신제품에 대한 아이덴티티 및 포지셔닝이 정립되지 않은 상태에서 일단 웹사

웹사이트 구축 및 개편 과정

웹사이트를 설계할 때는 잠재고객을 발굴할 수 있는 플랫폼이 될 수 있도록 설계하고, 지속적으로 업데이트할 수 있도록 유지보수까지 고려해 설계해야 하며, SEO 최적화가 될 수 있도록 설계해야 한다.

이트부터 제작하는 경우가 많다. 그런 회사들의 웹사이트를 보면 '무엇을 할 수 있는지'에 대해 아무런 차별화 없이 단순 나열만 하고 있는 것을 보게 된다. 앞서 본 세계적인 카고 공항들의 웹사이트는 다르다. 잠시만 방문해 봐도 공항의 장점을 이해할 수 있게 되고, 내가 찾는 공항인지 아닌지를 명확하게 판단할 수 있기 때문에 서로가 시간을 낭비할 이유가 없다. 이런 이유로 잘 구축된 웹사이트를 통해서 들어오는 비즈니스 리드는 수주로 연결될 가능성이 높으며, 필요 없는 문의로부터 영업사원들의 귀한 시간을 보호할 수 있다.

웹사이트를 잘 구축하려면 웹사이트의 핵심 기능을 이해해야 한다. 웹사이트의 핵심 기능은 마케팅의 핵심 기능과도 동일한데 바로 '잠재고객 유치'다. 이는 기업의 지속가능한 성장을 위해 가장 중요한 일이다. 즉 마케팅의 핵심 업무 중 하나가 웹사이트 관리라고 봐야 한다. 웹사이트로 들어온 잠재고객들이 콘텐츠를 다운로드하게 유도하거나 세일즈 문의를 하게 만듦으로써 컨택폼에 고객 스스로 자신의 정보를 남기게 하는 것이다. 킬러 콘텐츠가 있다면 자발적인 컨택폼 작성이 가능할 것이고, 킬러 콘텐츠 개발이 어렵다면 최소한 기업 혹은 제품 브로셔라도 다운로드할 수 있게 함으로써 컨택폼을 통한 리드 확보의 기반을 마련해야 한다.

여기까지는 준비단계다. 웹사이트를 잘 구축해두었다고 해서 무조건 잠재고객이 방문하는 것은 아니다. 잠재고객들이 우리 웹사이트를 찾을 수 있어야 한다. 잘 관리되는 웹사이트는 구글 검색의 양과 질이 다르다. 구글에서 검색되는 양과 질이 다르면 챗GPT ChatGPT와 제미나이 Gemini의 학습량도 다르다는 뜻이다. 결국 잘 관리된 웹사이트는 디지털 시대, AI 시대까지 계속 유용할 수 있다.

웹사이트를 제작할 때부터 관리 단계에서도 항상 네 가지를 유념해야 한다. 하나는 기술적 SEO, 즉 검색최적화다. 웹사이트 제작 시부터 삽입해야 하는 코드들이 있다. 페이지를 업데이트할 때도 각 페이지에 코드 및 태그, 설명 등을 명확하게 해 검색최적화가 될 수 있도록 제작하는 작업이 필요하다. 핵심적인 내용 및 최근에 가장 많이 검색되는 단어들과 연결된 페이지들이 많으면 검색최적화를 쉽게 만들 수 있다. 따라서 각 페이지 제작 시에 모든 콘텐츠와 용어를 주의 깊게 활용해야 한다.

이런 이유로 콘텐츠 마케팅 전문가가 오너십을 갖고 콘텐츠 전략의 일환으로 웹사이트를 관리하는 것이 중요하다. 웹페이지에 관련 내용이 많고 정기적으로 업데이트가 되어야만 검색최적화가 잘 유지될 수 있다. 최소 월 1회 웹사이트 업데이트를 해야 하며, 지속적으로 그 양을 늘려나가야 한다.

또한 카테고리와 서브 메뉴의 구성도 검색최적화에 영향을 주기 때문에 개발과 운영 시 꼭 고려해야 한다. 안타깝게도 모든 마케팅 활동에는 비용이 수반된다. 단기간에 최상단 노출을 목표로 할 때는 키워드 광고를 통해 진행하는 것이 효과적이다.

콘텐츠가 쌓일 때까지 검색최적화를 기다릴 수 없기 때문에 초반에 검색광고Search Engine Marketing, SEM를 필수적으로 집행해 어느 정도 유입 수치가 나오도록 해야 한다. 그렇게 함으로써 검색엔진들에게 우리의 존재감을 알리는 것이다.

11

성공하는 B2B 마케팅 활동 체크리스트 11

링크드인 오픈하기

브랜드 정체성을 정립하고 브랜드킷을 만들고 웹사이트까지 구축했다면 이제는 콘텐츠의 푸시 채널Push Channel로 소셜미디어를 하나 오픈하는 것이 좋다. 웹사이트, 블로그, 유튜브 채널의 목적은 콘텐츠의 축적이다. 축적된 콘텐츠로 검색최적화를 노리는 풀 채널Pull Channel을 만드는 것이다. 반면 이 채널에 올라온 콘텐츠에 대해 바로바로 알려주는 소셜미디어 플랫폼도 필요하다. B2C라면 인스타그램이나 틱톡이 있겠지만, 글로벌 시장을 노리는 B2B 기업이라면 링크드인을 강력 추천한다.

다른 소셜미디어들은 대체로 가입할 때 정보만 갖고 있을 뿐이지만, 링크드인에 있는 정보는 다르다. 회원들이 스스로 업데이트한 정보이기 때문이다. 회사를 이직할 경우에도 회원이 직접 업데이트하므로, 링크드인은 B2B 기업이 원하는 모든 카테고리 중에서 가장 많은 리치를 보장해줄 수 있는 플랫폼이다.

영어에 대한 언어적인 장벽이 있는 한국 B2B 기업이 블로그나 유튜브 채널 등 언어에 대한 의존도가 높은 채널로 소통하기는 쉽지 않다. 짧은 영문으로 가능하다는 점에서도 링크드인은 현실적인 효용이 크다. 결국 원하는 산업의 원하는 고객에만 타기팅해 효율적으로 광고하는 것이 가능하다는 점에서도 링크드인은 매우 매력적인 플랫폼이다.

아직 계정이 없다면 빨리 오픈하고, 활성화가 안 돼 있다면 활성화 플랜을 추진하면 좋다. 이왕이면 중견·중소기업 오너와 대표들의 개인계정도 운영하길 권한다. 개인화된 소셜미디어의 속성상 같은 내용이라도 기업이 올리는 것보다 기업이 올린 내용을 개인이 공유하고 추천할 때 더 많은 '좋아요'와 인게이지먼트가 발생한다. 인맥이 넓은 C레벨들이 직접 나서면 회사의 링크드인 계정도 더 빠르게 확산될 수 있다.

B2B 기업 C레벨들이 개인계정으로 운영할 때 유용한 팁이 있다. 링크드인 인플루언서인 크리스 리드Chris J Reed가 말하는

'4-1-1 법칙'이다. 간단히 말해 관심 업계의 관련 내용을 네 번 리포스팅하는 것이다. 먼저 뉴스 미디어에 나오는 내용들과 맥킨지 등에서 나오는 보고서 내용들 중 관련성이 높은 것들을 올린다. 이것만으로도 관심사가 같은 그룹인지 아닌지 구분이 가능하다. 한 번은 C 레벨 본인의 관심사를 포스팅하고, 마지막 한 번은 회사와 관련된 내용을 올린다. 이 세 가지를 순서대로 할 필요는 없지만 빠뜨리지 않고 하는 게 좋다. 이 정도 빈도면 팔로우들이 피로감을 느끼지 않으면서 관심을 유지할 수 있다.

현대자동차에도 B2B 비즈니스가 있다. 바로 수소차다. 나중에는 B2C가 될 수 있겠지만, 현재는 B2B 혹은 B2G에 가깝다. 운송업체와 정부가 주요한 수요층이기 때문이다. 현대자동차는 수소차에 대한 시장의 신뢰를 확고하게 하는 동시에 도입사례를 통해 수소차의 이점을 알리기 위해 링크드인을 운영하고 있다. 링크드인은 영어로 운영되기 때문에 해외에 있는 자동차 전문기자들도 팔로잉하고 있으며 여기에 실린 내용을 활용해 기사를 작성하기도 한다.

상대적으로 저렴한 온드미디어로 사고적 리더십을 강화하고 있는 것이다. 소셜미디어의 특성상 이미지가 중요하며, 링크드인의 속성상 영어의 퀄리티가 중요하다. 포맷에서는 사진과 영상, 내용에서는 제품과 고객사례, 그리고 프로모션 사이에서는 균형 있는 콘텐츠 기획이 필요하다.

한국기업이 링크드인을 영어로 잘 운영한다면 해당 산업의 글로벌 전문가, 기자들, 경쟁사까지 모두가 지켜보는 확실한 미디어가 될 수 있다. 무엇보다 글로벌 시장의 확실한 잠재고객에게 접근할 수 있는 채널로 활용할 수 있다.

✅ 현대자동차 수소차 관련 링크드인 포스팅은 사진과 동영상 등 다양한 리소스를 활용해 운영하고 있다. 눈길을 끄는 리드글로 간략하게 시작해 자세한 설명이 뒤를 이으며 웹사이트로 유입될 수 있는 구조를 갖고 있다.

12 한국의 B2B 마케팅에서는 카카오톡 채널도 좋은 툴

B2B 영업팀들의 상당수가 카카오톡으로 고객과 소통하고 있으며, 영업도 상당 부분 카카오톡에서 이뤄지고 있다. 따라서 한국에서는 카카오톡 채널을 만들어 고객을 참여시키고, 월간 뉴스레터를 카톡으로 발송하는 것도 좋은 방법이다. 고객들의 카톡 채널 가입을 위해서는 영업팀의 도움이 필요하다. 이벤트를 진행해 작지만 유용한 기념품을 제공하는 방법을 활용해보자. 그렇게 하면 영업팀 지원을 받아 고객을 카카오톡에 결집시키는 데 도움이 될 것이다.

사내 CRM에 입력되지 않은 고객들도 카카오톡 채널에 가입하는 경우가 종종 있다. 고객과의 직접적인 소통 창구 개발을 위해 카카오톡 활용을 적극 추천한다. 고객들이 이메일로 오는 뉴스레터를 열어볼 가능성보다 카카오톡으로 오는 뉴스레터를 열어볼 가능성이 좀 더 높기 때문이다.

✅ 공조 및 냉난방, 콜드체인 세계 선도기업인 코플랜드는 국내에서 카카 오톡 채널을 운영한다. 카카오톡 채널을 통해서 고객 대상으로 다양한 이벤트를 진행하고, 뉴스레터를 정기적으로 발행하고 있다.

13

유튜브도 최적화가 필요하다

유튜브 채널이 있다면 검색이 잘 되는지 확인이 필요하다. 유튜브 채널을 점검할 때는 네 가지 기준에 따라 작업한다.

유튜브 채널을 점검하는 네 가지 기준

첫째, 태그와 키워드 정리로 적합한 고객들이 타기팅되도록 한다. 둘째, 카테고리 점검 및 플레이리스트 정리를 통해 카테고리를 트렌드에 맞게 바꾸고, 플레이리스트도 새로운 카테고리에 맞게 바꾼다. 카테고리의 네이밍 역시 트렌드에 맞게 바꿔야 한다. 셋째, 썸네일을 재정리한다. 콘텐츠별 특성을 고려하지 않고 모두 똑같은 썸네일을 쓰는 황당한 채널이 있다. 표준화를 하되 각 콘텐츠의 핵심 장면으로 썸네일을 바꿔야 한다. 최근에는 유튜브 숏츠도 썸네일을 지정할 수 있게 했으니 적극 활용하자. 이러한 정책 변화를 항상 모니터링하면서 가장 효율적인 방법을 찾아내야 한다. 넷째, 광고를 진행해 히어로 영상을 만든다. 가장 가능성이 높은 영상을 정해 한 개라도 확실한 조회 수가 나오게 하는 것이 중요하다. 대표 영상으로 후킹을 할 수 있어야 드넓은 유튜브의 바다에서 시청자들이 우리 채널에 들어올 가능성이 생긴다. 이외에도 영상의 상황에 따라 트루뷰Trueview광고를 하거나 서치광고를 지속적으로 진행하면서 관리할 필요가 있다.

포스코홀딩스의 예를 살펴보자. 전기차 신소재와 관련해 포스코의 주가가 높은 관심을 받으면서 포스코홀딩스에서 유튜브 채널을 오픈했다. 오픈과 동시에 관심을 집중시키고, 초반에 구독자를 많이 모으기 위해서는 정교한 준비가 필요하다. 포스코홀딩스의 유튜브 채널은 오픈 10일 만에 6,000명에 달하는 구독자를 모으고, 18만 누적 뷰를 달성했다.

이러한 성과는 우연히 달성된 것이 아니다. 오픈하기 전부터 앞서 언급한 네 가지 원칙에 맞게 채널을 세팅하고, 오픈 콘텐츠도 주식 투자자들의 관심도가 높은 킬러 콘텐츠로 만들었다. 인플루언서와의 협업도 시기에 맞춰 준비해놓은 뒤 오픈을 진행했다. 덕분에 오픈과 함께 안정적으로 구독자를 모으고, 목표한 방향대로 운영되는 채널을 만들 수 있었다.

제작비 투자보다 내용에 집중해 롱테일을 노려라

코닝 같은 B2B 기업들이 유튜브 채널을 운영하는 가장 큰 목적은 제품 사용법에 대해 교육하거나 기업의 비전과 고객사례를 알리는 데 있다. 제품 사용법 영상은 엔지니어 혹은 영업사원이 나와 제품의 사용 방법을 설명한다. 그 외에는 별다른 테크닉이 없어도 된다. 반면 고객사례나 C레벨이 출연한 비전 영상을 만드는 데는 비용이 상당히 들어간다. 사용법 영상 대비 제작비가 10배 이상 필요할 수도 있다.

여기에는 놀라운 점이 숨어 있다. 별다른 편집 기법이 들어가지 않은 제품 사용법 영상이 가장 높은 조회 수를 기록했다는 것이다. 특별한 조명도 없이 사무실에서 엔지니어의 손만 나오는 사용법 영상이 긴 시간을 두고 가장 높은 조회 수를 기록했다는 건 무엇을 시사할까?

먼저 유튜브 채널의 목적을 살펴봐야 한다. B2C의 경우 유튜브 영상에서 가장 중요한 건 재미다. 하지만 B2B 관점에서 유튜브는 전형적인 '하우투How to'를 알려주는 교육용 채널이다. B2B 고객들이 B2B 유튜브 채널을 찾아서 들어오는 것은 재미를 위해서가 아니라 무언가를 배우기 위해서다. 이러한 목적, 즉 고객의 니즈를 이해하고 있어야 콘텐츠 방향성도 맞출 수 있다. 그러니 B2B 고객을 위한 유튜브 콘텐츠를 만들 때는 우리 제품의 매뉴얼을 간단하게 찍어 영상으로 올리는 것부터 해보자. 고객들의 문의를 줄이고 그들의 시간을 아껴줄 수 있으니 일석이조다.

물론 기업의 브랜딩을 생각해 비용을 들인 멋진 영상을 한 개 정도 올리는 것도 좋다. 그게 히어로 영상이면 더 좋다. 그 외에는 돈을 아껴도 된다. B2B 고객들의 유튜브 사용 목적에 맞춰 세미나 및 웨비나 내용을 올리고, 고객들이 배울 수 있는 콘텐츠를 가볍게 올리자. 앞서도 말했듯 개념 설명 영상들이 항상 인기 순위 상위에 랭크된다는 걸 기억해야 한다. 새로 시장에 진입하는 고객들을 위해 업계 전문용어들을 모아 한 번에 설명해주는 영상들도 장기적으로 좋은 반응과 높은 조회 수를 얻고 있다.

B2B 유튜브 채널은 제작비보다는 최적화와 리치에 포커싱하고 여기에 예산을 집중해야 한다. 고객의 니즈와 영상 시청 목적을 외면하고 B2C처럼 세련되고 힙한 영상을 만드는 데만 집착하지 않도록 하자. 이는 불필요한 에너지 낭비이며 적절한 예산 배분이 아닐 수 있음을 염두에 둬야 한다.

14

성공하는 B2B 마케팅 활동 체크리스트 14

B2B 마케팅 최고의 채널은 직원

B2B 기업의 제품과 솔루션은 보자마자 한눈에 알 수 있는 게 아니다. 전문가의 자세한 설명이 따라줘야 겨우 이해된다. 그래서 B2B 마케팅에서는 제품을 자세히 설명해줄 '대변인'이 반드시 필요하다. 비전과 전략은 C레벨에서 풀어줄 수 있지만, 기술과 제품에 대한 자세한 설명은 프리세일즈Pre-Sales 역할을 하는 엔지니어급의 영업 인력이 해주어야 한다.

많은 기업이 마케팅에서 웨비나를 진행하고 싶어하며, 대형 콘퍼런스에도 참석하길 원하고, 유력한 업계 전문지와 인터뷰도 하고 싶어한다. 하지만 그럴 때마다 마땅한 발표자가 없어 고충을 겪는다. 이런 현실을 감안할 때 사내 교육을 통해 발표자 역할을 할 대변인을 발굴하고 교육시키는 것이 시급하다. 처음부터 잘하는 직원은 없다. R&R을 부여하고, 교육을 제공하고, 오랜 시간 훈련을 시키는 등의 투자를 하자. 그런 후에는 적재적소에 필요한 인재를 활용할 수 있으며 놀라운 성과로 연결시킬 수도 있다.

언론사와 인터뷰할 대변인은 미디어 트레이닝Media Training을 통해 인터뷰에 대응할 수 있도록 훈련시켜야 한다. 세미나 및 웨비나에서 발표할 대변인은 PT & 스피치 트레이닝Presentation & Speech Training을 받아야 한다. 이처럼 전문적인 트레이닝을 받으면 대부분 놀라울 만큼 발전한다. 외국 기업들은 트레이닝을 받지 않으면 대변인이 될 수 없다고 아예 못 박아두었다. 그래서 타사에서 이직해온 베테랑 스피커들도 행사나 인터뷰를 앞두고 급하게 트레이닝을 받는 일이 종종 벌어진다.

트레이닝을 통해 인증된 대변인들만 대외 활동을 할 수 있다는 원칙이 기업 내에 있다는 건 중요한 의미를 갖는다. 이 원칙 때문에 임원 승진 발표가 나면 임원들이 한 번에 교육받기도 하고, 주요 대변인들은 매년 반복해서 교육을 받기도 한다. 교육을 통해 스토리텔링이 부족한 대변인에 대해서는 메시지 트레이닝으로 심화 단계를 진행한다. 발표 스킬이 부족할 경우에는 연습과 포인트 레슨을 통해 회사의 위상에 걸맞은 대변인으로 탈바꿈시킨다.

전문 교육 과정을 통해 두터운 대변인층을 확보해두는 건 기업의 자산이 된다. 기업이 원하는 메시지를 다양한 채널을 통해 빠르고 효율적으로 전달할 수 있기 때문이다. 이러한 트레이닝은 실제 고객과의 대면 영업에서도 효과를 발휘한다.

직원이야말로 가장 중요한 채널이니 적극적으로 교육하고 투자하자.

15

협력사의 마케팅도 챙기자!

B2B 기업의 중요한 채널 중 하나는 바로 협력사다. 웹사이트, 링크드인, 카카오톡 같은 디지털 플랫폼도 물론 중요하지만 대외적으로 기업의 대변인 역할을 해줄 직원 교육, 그리고 실제 고객을 접점에서 매일 만나는 협력사(총판, 채널)는 정말 중요하다.

중견·중소기업이 해외 지사를 설립하고 직접영업을 하기는 쉽지 않다. 그보다는 네트워크가 좋고, 해당 산업에서 오랜 경험이 있는 좋은 채널을 발굴해 그들과 협력하는 것이 최선책일 때가 많다. 국내에서도 마찬가지다. 특정 지역에 확실한 영업망을 가지고 있는 채널사들을 적극 활용해야 한다.

협력사를 구하기 전에 고려해야 할 3C가 있으니 유념하자. 담당할 수 있는 지역Coverage, 판매 역량Capability, 취급할 수 있는 제품군의 정도Capacity를 고려해 협력사를 구해야 한다. 글로벌 B2B 기업들은 웹사이트에 채널 리크루팅 페이지가 잘 구축돼 있으며, 혜택에 대해서도 제시하고 있다.

현지 협력 채널을 구할 때 주의할 점

특히 글로벌 현지 채널은 협력사인 동시에 고객이기도 하다는 점을 간과해서는 안 된다. 채널의 영업 실적을 관리하는 것은 해외 영업팀의 소관이다. 하지만 해외 채널사들을 온보딩시키고, 영업을 제대로 할 수 있을 때까지 교육과 지원을 하는 것은 마케팅팀의 역할이다. 즉 채널 마케팅에서도 영업과 마케팅은 서로 협업하면서 최고의 시너지를 내는 데 집중해야 한다는 의미다.

마케팅팀은 지원해주고 고충을 들어주는 역할을 하는 반면, 영업팀은 제대로 타깃을 요구하고 파이프라인을 공개해 실적을 달성할 수 있게 밀어붙여야 한다.

채널은 제품과 솔루션의 특성에 따라서 총판Distributor, 채널 혹은 리셀러 등으로 구분하는데, 여기서는 그냥 채널로 통칭해서 다루려 한다. 온보딩을 위한 '부트 캠프Boot Camp'를 진행해 기업의 핵심 가치를 제대로 교육하고, 채널들의 스킬을 교육 및 평가하는 템플릿을 마련하는 것이 필요하다.

그다음으로 세일즈 방법론을 제공하고, 세일즈를 위한 플레이북Playbook, 피칭 표준 덱Pitching Kit, 레퍼런스Best Practice 등을 제공하면서 교육한다. 이후에는 반드시 롤플레잉까지 진행해 실제 상황에서 고객 대응을 잘할 수 있도록 충분히 훈련해야 한다.

온보딩 이후에도 지속적으로 리소스를 제공하고, 웨비나 등으로 콘텐츠를 제공해 현지 고객과 원활히 소통할 수 있도록 지원하는 것을 잊지 말자.

현지 채널사 또한 마케팅, 프리 세일즈, 영업, 영업 관리자, 키 어카운트 관리자 등 체계를 갖출 수 있도록 유도해야 한다. 지원을 해줌과 동시에 그들 스스로도 투자해 비즈니스를 키울 수 있도록 협력을 이끌어내야 한다.

현지 채널도 월과 분기 단위로
투명하게 파이프라인을 공개하도록 유도하라

현지 채널 관리에서 가장 강조하고 싶은 부분은 월간 미팅Monthly Business Review, MBR과 분기 미팅Quarterly Business Review, QBR이다.

현지 채널을 활용해 비즈니스를 수행하는 중견기업의 마케팅 컨설팅을 진행한 적이 있다. 구축사례를 만들기 위해 현지 고객 리스트를 요청해 달라고 했는데, 현지 채널이 고객사를 절대 알려주지 않는다는 답을 들었다. 이에 분기 미팅을 통해 글로벌 케이스 스터디를 공유하는 세션을 제안했다. 스스로는 절대 공개하지 않을 것이므로 분기 비즈니스 미팅에 초대해 성공사례를 발표하게 한 것이다. 이처럼 칭찬하고 격려하는 자리를 만들어 직접 고객사를 밝히게 해야 한다. 당근과 채찍을 적절히 활용해 예측 가능한 투명한 비즈니스 환경을 만들어가는 노력이 필요하다.

상장을 했든 상장을 하지 않았든 비즈니스를 하는 기업은 반드시 분기 개념이 있어야 한다. 전사적으로 분기 개념을 확립해야만 회사 내에서 적절한 긴장감이 유지될 수 있으며, 회사가 성과 중심으로 운영될 수 있다. 해외 채널뿐 아니라 한국 내 본사도 마찬가지다.

16

성공하는 B2B 마케팅 활동 체크리스트 16

콘텐츠와 채널이 정비됐다면, 이제 캠페인 고!고!

B2B 기업이 자체 채널을 정비해 온드미디어를 확보한 상태이고, 잠재고객들이 관심을 가질 수 있는 킬러 콘텐츠도 준비됐다. 그다음엔 무엇을 해야 할까? 고객이 검색해 찾아올 때까지 기다리지 말고 앞으로 돌격해야 한다. 이것이 바로 캠페인이다.

캠페인은 명확한 목표가 있어야 하며 이 과정에서 얻을 수 있는 결과물도 아주 구체적이어야 한다. 목표와 KPI를 설정하고, 이에 맞는 콘텐츠까지 정해졌다면 가장 효과적인 채널을 찾아 광고를 집행할 차례다. 각 광고마다 얼마의 비용으로 어느 정도의 광고 효율을 올렸는지가 명확하게 나와야 한다.

캠페인은 미디어 에코시스템(91쪽 도표 참조) 관점에서 기획되어야 한다. 웹사이트에 트래픽을 집중시키기 위해 자사의 유튜브, 링크드인, 카카오톡, 블로그 등의 온드미디어 활용을 극대화해야 한다. 또한 PR 활동을 진행해 트래픽이 상대적으로 많은 언론사의 기사들이 많아지게 해 언드미디어를 통한 트래픽을 유도할 필요가 있다. 그러나 이것으로는 부족하다. 따라서 페이드미디어를 통한 직접적인 광고를 진행해야 한다. B2B 기업의 경우 플랫폼을 통한 키워드 광고 및 전문지 배너 광고, 플랫폼을 통한 타기팅 광고 등이 효율적이다. 이 모든 미디어의 활용을 통해 얻고자 하는 것은 웹사이트랜딩 페이지로의 트래픽 극대화다.

세계적인 반도체 기업 ST STMicroelectronics는 B2B 기업으로 PR 활동과 함께 마케팅 활동도 활발히 진행한다. 자동차 회사만이 고객이 아니다. 자동차 회사의 1차 벤더, 2차 벤더, 3차 벤더, 그 외 제3의 공급업체들까지 모두 잠재고객이다. 그래서 연중 중요한 콘퍼런스를 전후로 캠페인을 진행한 뒤 잠재고객들이 관심을 가질 시점에 관련 콘텐츠를 활용해 효과적으로 광고를 진행하고 있다. 세미나 참석과 등록을 유도하는 것은 물론이고 차세대 자동차 시장에서 인지도와 선호도를 높이기 위해 지속적으로 시장을 교육하면서 인게이징을 높이는 것이다. B2B 반도체 기업이지만 영상 소스가 있을 때는 유튜브 광고도 하고, 이미지 중심의 광고도 한다. 모든 광고는 클릭하면 웹사이트의 랜딩 페이지로 유입되는 리드젠 광고다.

각 캠페인을 기획할 때 임프레션과 클릭, CTR을 예상해 어떤 광고 콘텐츠와 채널을 선택할지 결정한다. 캠페인을 진행했을 때 항상 계획대로 결과값이 나오지는 않는다. 그렇다고 무의미한 것은 아니다. 이 모든 캠페인에서 나오는 데이터들은 마케터의 시장분석 원천이 되고, 다음 단계의 더 나은 캠페인 기획을 위한 원동력이 되기 때문이다. 개별 캠페인이 수주로 연결되면 그야말로 가장 효과적인 결과다. 하지만 수주로 연결될 가능성이 약해도 데이터 확보를 통해 기업이 인사이트를 확보할 수 있었다면 이 또한 효과적인 캠페인이라 할 수 있다.

17

성공하는 B2B 마케팅 활동 체크리스트 17

캠페인 성공의 관건은 언론 PR

신제품을 론칭하거나 새로운 캠페인을 시작할 때 PR 활동을 함께하는 것이 효율적이다. 미디어 에코시스템(91쪽 도표 참조) 관점에서 보면, PR을 통해 얻는 기사들은 가장 많은 리치를 확보할 수 있다. 한 가지 문제는 통제가 어렵다는 점이다. 언론사에 보도자료나 제품정보를 제공해 기사 작성을 위한 원천적인 소스를 줄 수는 있다. 하지만 최종적으로 기사를 쓰는 것은 언론사의 역할이며, 기사화된 순간 그 기사의 저작권은 언론사의 것이기에 통제가 불가능하다.

이런 이유로 언론에 접근할 때는 처음부터 조심스러울 필요가 있으며, 가급적 미디어 전문가를 통해서 접근하는 것이 효과적이다. 또한 미디어 관계는 장기적인 관점에서 구축해야 한다. 필요할 때 기사 한번 부탁하고 끝내는 일회적, 단발적 관계가 아니기에 중견·중소기업 차원에서는 접근하기 어려운 도구 중 하나다. 언론의 전담 관리를 PR 대행사에 맡기는 것은 이런 이유 때문이다.

B2B 마케팅에서는 업계 전문지가 중요하다. 시장을 잘 아는 매체에서 이 제품이 의미 있는지, 이런 캠페인이 효과적인지 등을 판단하고 기사를 써주기 때문에 그들의 판단은 향후 성공에도 큰 영향을 미칠 수 있다. 특히 시장을 개척하는 초기에 PR은 큰 힘이 된다. 관련된 내용은 사고적 리더십 확립(77쪽 참조)에서 다뤘으므로 여기서는 생략한다.

한 가지 덧붙이고 싶은 것은 미디어 에코시스템 또한 경계가 허물어지고 있다는 점이다. 매체에도 객관적으로 기사를 쓰는 기자들이 일하는 편집국이 있는 반면 광고주들의 니즈를 해결해주기 위해 존재하는 광고국이 있다. 광고국과 편집국, 그 경계를 현명하게 넘나들며 협업하는 환경에 적응해야 한다. 특히 해외 PR을 해야 할 때는 광고국과의 협업이 중요하다.

예를 들어보자. 국내 보안업체가 미국 통신사를 대상으로 신제품을 알리고 싶다는 의뢰가 왔다. 미국의 권위 있는 매체가 처음 들어보는 한국 스타트업의 신제품을 기사로 써주기는 쉽지 않다. 이 기업은 통신사를 위한 퀀텀컴퓨팅을 활용한 보안 솔루션을 미국 통신사에 꼭 알리고 싶어 했다. 이때 PR 관점에서 해줄 수 있는 것은 미국의 통신 분야 3대 매체인 라이트리딩LightReading, RCR 와이어리스 뉴스RCR Wireless News, 피어스 와이어리스Fierce Wireless의 광고국을 통해서 리드젠을 할 수 있는 패키지 상품을 소개받는 것이다.

매체에서 기사도 두 개 정도 써주고, 배너 광고도 한 달 정도 진행한다. 또한 한국기업이 주는 콘텐츠 두 개도 웹사이트에 올려서 랜딩 페이지로 연결될 수 있게 해줬다. 총 다섯 개의 콘텐츠와 광고가 한국 스타트업의 랜딩 페이지인 웹사이트로 연결되었다. 이처럼 순수하게 언론 매체에 피칭해서 기사를 내기 어려울 때는 이렇게 매체의 광고국을 통하는 페이드미디어 방식도 고려해볼 수 있다.

유명 인플루언서와의 협업 또한 무가로는 쉽지 않은 세상이다. 인플루언서와의 협업이 무가와 유가를 오가기 때문에 적절한 관계 형성을 통해 시너지를 내는 것이 필요하다.

18

캠페인의 마지막은
뉴스레터로 마무리

존재를 알지 못했던 잠재고객을 찾아 나섰던 캠페인을 마무리했다면, 소중한 콘텐츠들을 한 번 더 재활용해야 한다. 모든 콘텐츠를 모아 뉴스레터로 만들어 이메일 주소가 확보된 기존 고객과 잠재고객에게 보내보자. 뉴스레터는 EDM 형태의 이메일 방식이 일반적이지만, 앞서 설명했듯 카카오톡을 활용한 방법도 좋다. 산재되고 분산된 콘텐츠를 모아 재정리하고 리마인드하는 것 자체가 잠재고객 육성Nurturing에 큰 도움이 된다. 기존 고객들도 등한시해서는 안 된다. 뉴스레터 접점을 통해 기존 고객과도 업셀링과 크로스셀링의 기회를 만들어가야 한다.

19 KPI 설정 & ROI 도출법 합의 끌어내기

'처음처럼', '초심을 잃지 않고', '한결같이' 등의 말을 들으면 어떤 생각이 드는가? 대체로 긍정적인 이미지가 떠오를 것이다. 사람들은 꾸준함과 일관성을 유지하는 경우 높은 평가를 하는 편이다. 사람이든 서비스든 말이다. 그만큼 일관성을 유지하기가 쉽지 않기 때문에 일관된 태도와 성과를 보일 때 이런 표현을 많이 사용하며, 이는 칭찬과 격려로 해석된다.

기업에서는 직원들이 '처음처럼, 좋은 태도로, 한결같은' 고성과를 내주기 원한다. 그런데 이것이 가능하려면 먼저 상사나 조직의 내공이 집약된 평가 기준이 필요하다.

일관되고 꾸준한 성과를 원한다면 'KPI'가 필요하다

최근 한 회사에서 RFP를 받아 내용을 살펴봤다. 전통적 마케팅 및 PR 방식을 모두 버리고, 획기적인 아이디어로 밀레니얼에게 회사의 인지도와 선호도를 높일 방안을 제출해 달라는 내용이었다. 이에 주어진 예산에 맞는 신박한 아이디어로 좋은 제안서를 제출해 큰 호응을 얻었다. 그 후 가격 조정 요청에 따라 협의가 오갔다. 그런데 최종 결과는 아쉽고 미안하지만 '거부할 수 없는 가격'을 제시한 다른 업체와 계약을 하겠다는 통보였다.

RFP를 보낼 당시 가장 중요한 기준은 분명 '창의성'이었다. 그런데 창의적인 제안서를 받고 나서 최종 계약을 할 시점이 되니 기준이 '가격'으로 바뀌었다. 이렇게 일관성 없는 기준은 상호 신뢰에 안 좋은 영향을 끼친다. 이런 경험은 비단 회사와 회사 사이에만 존재하는 것은 아니다. 회사 안에서는 이런 일이 더 많이 일어난다.

연초에 연봉협상을 할 때와 평가를 할 때 기준이 바뀌는 경우가 많으며, 기준에 대한 임의적인 해석으로 서로 이견을 좁히기 어려울 때가 많다. 그래서 꼭 필요한 것이 수치화된 KPI

다. 정량화되었으며 명확한 기준이 있는 KPI가 있으면 직원들은 스스로 움직이게 된다. 책상 앞에 앉아 시간만 보내는 일이 아닌 진짜 성과를 낼 수 있는 일을 찾아서 하게 된다는 뜻이다. KPI를 충족시키려면 스스로 알아서 해야 할 일이 너무 많기 때문이다.

KPI가 명확하면 직원이 재택을 해도 문제될 것이 없다. 성과를 내는 것이 중요하므로, 성과만 낼 수 있다면 일은 어디서 하든 상관없다. 이때 필요한 것이 KPI를 실시간으로 체크할 수 있는 KPI 대시보드다. 팀장과 팀원 사이에는 대시보드 체크만으로 서로의 성과를 이견 없이 확인할 수 있다. 특별히 공유할 내용이 없으면 주간 단위로 정기회의를 할 필요도 없다.

이제 마케팅도 데이터 또는 숫자로 이야기할 수 있는 시대가 되었다. 그런데 여기서 중요한 것은 무엇을 수치화할 것이냐다. 협업과 지식 기반 업무인 마케팅을 단순한 결과치만 보는 KPI로 고정해버리면 의미 없는 숫자의 나열로 끝날 수도 있다. 노출을 극대화하고 CPC를 최저로 낮춰 좋은 숫자는 만들었지만 잠재고객을 만나지 못했다면 진정한 성과라 할 수 없기 때문이다.

KPI와 OKR로 균형 있는 평가를 내려야 한다

KPI에는 단기 성과 수치와 장기적 과제가 공존해야 한다. 협업을 통한 성과와 지식 공유를 통한 기여를 지표로 넣어야 함께 성공하는 KPI를 만들 수 있다. 그래서 KPI 외에 OKR^{Objective} ^{and Key Results}을 함께 보는 것을 추천한다. OKR은 목표 설정 프레임워크이자 전설적인 실리콘밸리 투자자 존 도어^{John Doerr}가 구글 등 실리콘밸리 기업에 전파해 엄청난 성과를 이끌어낸 조직 운영 방법론이다.

그가 쓴 책의 영어 원제는 《Measure What Matters》인데, 해석하면 '측정할 수 있는 것을 측정하지 말고 중요한 것을 측정하라'이다. 무척 감동적인 메시지다. KPI는 측정할 수 있는 것들을 모두 수치화해 결과^{Output}를 측정한다. OKR은 이와 다르다. 활동의 결과물이 아니라 목표^{Objective}와 핵심 결과^{Key} ^{Results}를 측정한다. 이로써 조직이 진정한 성과에 집중하고, 이 지표를 팀이 투명하게 공유한다. OKR은 지속적으로 소통하면서 서로 성과를 낼 수 있도록 격려하고 돕는 환경을 만드는 데 목표를 둔 조직 운영 방법론에 가깝다. 마케팅은 측정 가능한 부분이 많기 때문에 해당 활동들의 KPI 추적이 중요한 동시에 회사 내 모든 부서와 협업해야 하므로 OKR을 더 큰 그림에서 적용하는 것이 필요하다.

조직의 마케팅 전략을 컨설팅할 때 맨 마지막 과정은 항상 KPI 세팅과 KPI 대시보드 설정이다. 컨설팅 효과가 일회성으로 끝나지 않고 컨설팅을 통해 수립한 전략을 명확하게 수행할 수 있도록 KPI와 OKR을 함께 세팅한다. 세팅 후에는 주간 단위, 월간 단위, 분기 단위로 성과를 체크할 수 있도록 대시보드를 만든다.

이 작업을 통해 조직이 마케팅 컨설팅 결과물을 내재화할 수 있는 근간을 만든다. 마케팅 부서 팀원들은 이런 내재화를 통해 목표를 달성하는 과정에서 마케팅 전문가로 성장한다. 이처럼 미래에는 회사가 교육 플랫폼이 되어야 한다. 회사는 일하는 곳일 뿐만 아니라 일을 배우는 곳이 되고 직원이 성장하는 곳이어야 한다. KPI와 OKR이 잘 세팅된 조직에 입사해서 일하면 목표를 달성하고 성과를 내기 위해 어떤 일을 해야 하는지를 배울 수 있으며, 점차 전문성을 쌓아갈 수 있다.

마케팅 ROI 측정이 가능할까?

B2B 기업의 C레벨과 마케터들이 많이 하는 오해 중 하나가 "마케팅은 효과를 측정할 수 없기 때문에 투자하기 두렵다."라는 것이다. 과거 마케팅은 불특정 다수에게 광고하고, 제품이 소비자들에게 얼마나 잘 팔렸는가에 대한 수치로 결과를 판단했다. 마케팅의 효과를 데이터로 수치화해 가시화할 수 없다고 생각해왔기 때문이다.

기업에서도 마케팅은 그 효과를 측정하기가 매우 어렵고 사실상 측정 불가한 영역이라는 인식이 강하다. 그래서인지 매년 마케팅을 위해 수많은 콘퍼런스에 참여하지만 그 효과에 대해서는 의문을 품곤 한다. 하지만 디지털 시대로 접어들면서 많은 것들이 달라졌다. 수집된 데이터를 바탕으로 마케팅 영역에서 그 효과를 측정할 수 있게 되었음은 물론이고, 재가공해 성과를 만들어낼 수 있는 방법이 늘어나고 있다.

마케팅 효과를 측정하기 위해 콘퍼런스 및 콘텐츠 분석을 해보자. 일반적인 지표부터 시작해 매출에 영향을 줄 수 있는 모든 데이터를 깔때기로 생각해 단계별로 성과를 측정해보는 것이다. 리드의 개당 단가, 참여도, 구매 전환율, 전환 고객의 매출

기여도 등 다양한 데이터를 기반으로 투자한 광고비 대비 매출이 얼마나 늘었는가^{ROAS}, 또는 얼마나 수익을 창출했는가^{ROI}를 가시적으로 수치화할 수 있다. 덕분에 많은 기업이 불필요한 매스 광고비용을 줄이는 동시에 마케팅의 효과를 극대화할 수 있는 측정 광고로 이동했다.

매년 참석하는 콘퍼런스의 효과도 리드젠$^{Lead Generation}$ 관점에서 측정할 수 있다. 그렇게 하면 ROI 측정이 가능하고 다음에 또 참석할지 말지를 결정하기가 쉬워진다. 참가하는 업체들이 선보이는 부스의 화려함에 현혹되면 마케팅 효과를 과하게 생각할 수도 있다. 하지만 콘퍼런스 참여를 통해 확보한 리드의 수, 소셜미디어 참여지수, 몇 차례의 추가적인 팔로업을 통한 구매 전환, 구매로 전환된 리드의 비율, 구매로 전환된 고객들의 매출 기여도 같은 객관적인 데이터를 종합적으로 검토하면 이야기가 달라진다. 각 콘퍼런스의 ROAS와 ROI를 명확하게 수치화해 가시적으로 나타낼 수 있기 때문이다. 객관적인 데이터를 기반으로 비즈니스 관점에서 판단하는 게 핵심이다. 그것을 토대로 다음 해 해당 콘퍼런스에 참가할지 말지를 결정할 수 있다.

20 QBR로 마케팅-영업 채널 인식 차이 줄이기

앞에서 언급한 KPI는 연간 단위로 설정할 수도 있고, 분기 단위로 설정할 수도 있으며, 캠페인별로도 설정할 수 있다. 반면에 OKR을 잘 운영하기 위해서는 분기 단위의 세팅과 점검이 필요하다. OKR을 내재화하기 위해서뿐만이 아니라 경영진과 마케팅, 영업, 채널사들의 인식 차이를 줄이기 위해서 반드시 QBR 개념이 있어야 한다.

분기 실적, 주가 관리, 가치경영 개념을 확립하고, 분기별 목표 설정과 달성을 내재화해 분기 단위, 가능하면 월 단위로 목표를 설정하고 점검해야 한다. 월 단위가 어렵다면 최소한 분기 단위로라도 반드시 진행해야 한다. 분기에 대한 개념 확립을 위해 QBR 시간을 전사적으로 가져야 하고, 이때 글로벌 현지 채널들도 참여시켜야 한다. QBR의 핵심 세션은 고객 분석 세션이다. 이번 분기에 경험했던 고객의 페인포인트와 해결책에 대해 서로 공유하면서 확대 적용할 수 있는 베스트 프랙티스를 찾아내야 한다.

분기별 성공사례 & 수주사례를 영업사원들이 직접 분석하는 세션을 마련하고 고객과 수주 전 과정에 대한 성공과 실패의 원인을 분석할 필요가 있다. 해외 채널사 세션도 마련해 한 페이지짜리 간단한 템플릿을 제공함으로써 판매한 고객에 대한 내용을 업데이트하게 해야 한다.

이런 공개 세션들을 통해 접점을 강화하고 리포트 공개로 투명성 및 긴장감을 조성할 필요가 있다. 이런 공개적인 자리가 있으면 마케팅에서 고객사례 개발과 관련해 영업팀의 협조를 구하기가 쉬워진다. 또한 마케팅도 현재 시장에서 어떤 경우에 수주에 성공하고, 어떤 경우에 실패하는지를 파악해 영업에 도움이 될 콘텐츠를 만들고 캠페인을 기획할 수 있다.

수주 고객을 확인했다면 영업팀과의 협업을 통해 고객에게 'PR 동의서'를 보내라. 고객의 동의를 받은 이후에는 수주·공급 보도자료 개발 및 고객사례 개발 등 다양한 콘텐츠로 활용할 수 있다. 이런 중요한 내용들이 회사 내에서 투명하게 공개되어야 각자 자기 역할에 충실할 수 있으며, 고객을 창출하는 데 기여할 수 있다.

성공하는 B2B 마케팅 활동 체크리스트 점검을 마무리하며

지금까지 마케팅 전략 수립, 콘텐츠 개발, 채널 정비, 확산 캠페인, 효과 측정의 5단계 B2B 마케팅 활동을 점검하면서 20가지 체크리스트를 살펴보았다. 많다면 많지만, 하려고 마음먹으면 할 수도 있는 정도의 양이다. 시작이 반이란 말이 있긴 하지만 사실 시작하는 게 정말 어렵다. 게다가 첫 단계가 전략 수립인데, 이게 좀 난감하다. 전략을 수립해주면 실행할 수는 있지만, 전략을 수립하려면 업계도 잘 알아야 하고, 마케팅이 뭔지도 알아야 하기 때문이다. 말처럼 쉬운 일은 아니다. 그러나 방법은 있다.

하룻밤에 읽는 B2B 마케팅

내부적으로 마케팅 전략 수립을 하기 어려울 때는 외부 컨설팅을 받으면 된다. 컨설팅 과정을 통해 대표부터 실무까지 전사적으로 B2B 마케팅이 무엇인지 배우고, 어떻게 적용할지를 익히는 기회가 된다.

마케팅 전략 컨설팅은 어떻게 진행될까? 대개 연간 기준으로 조직의 최적화된 마케팅 전략을 수립해주고 메시지 전략, 채널 전략, 콘텐츠 전략을 통해 지속적으로 실행할 수 있는 연간 마스터플랜을 개발해준다. 이 중 브랜딩에 해당되는 내용은 연간이 아니라 회사의 비즈니스 장단기 목표에 맞게 수년간 활용할 수 있다.

마케팅 전략 수립은 고차원의 업무라 신입 사원이나 경력이 적은 마케터에게 맡기기에는 적절치 않다. 전략의 첫 단추를 잘못 꿰면 아무리 열심히 활동한다 해도 배가 산으로 갈 수 있음을 간과해서는 안 된다. 마케팅 전문가의 도움을 받아 전략을 수립하고, 회사 내에서 실행할 수 있는 수준까지 계획을 설정해 '천 리 길도 한 걸음부터' 나아가는 것이 최선이다.

앞서 웹사이트 구축을 설명하며 언급했지만, 전문가의 관점에서 보면 웹사이트는 무려 19가지 단계를 거쳐서 만들어진다. 그러나 마케팅의 핵심인 웹사이트를 대부분의 기업에서는 그리 신중하게 고민해서 만들지 않는다. 상사가 지시하면 웹사이트 개발 에이전시에 연락해 일단 만들고 보는 것이다. 너무나 안타까운 현실이다.

웹사이트를 왜 구축하는지, 어떻게 구축해야 목표를 실현할 수 있는지에 대한 고민 없이 대충 내용만 채워 넣고 구색만 갖추자는 식이다. 이런 식으로 만든 웹사이트는 안 만드느니만 못한 경우가 많다. 그런 웹사이트는 절대 콘텐츠 허브 역할을 할 수 없으며, 잠재고객을 발굴할 수 있는 플랫폼으로 기능할 수 없다. 이는 전문적인 마케팅 컨설팅을 받지 못했을 때 생기는 아주 단편적인 사례일 뿐이다. 이 외에도 여러 심각한 문제가 발생할 수 있다.

마케팅 컨설팅을 하기 위해 기업의 임원과 영업 담당자, 연구소 관계자들과 미팅을 해보면 마케팅 부재로 인한 여러 가지 어려움을 이야기한다. 그 어려움은 대략 이런 것들이다. '고객에게 줄 수 있는 가치가 무엇인지 설명하기 어렵다'는 브랜드 가치 개발의 니즈. '고객 미팅에 가지고 갈 제대로 된 자료가 없어요'라는 콘텐츠 개발 니즈. '고객에게 공유할 웹사이트나 소셜미디어 채널이 없어요'라는 디지털 채널 니즈. '고객의 니즈보다 앞서 개발한 제품이 필요해요'라는 제품 마케팅 니즈. '신

하룻밤에 읽는 B2B 마케팅

규 시장에 진출해야 하는데 어떻게 시작해야 할지 모르겠어요'
라는 Go-To-Market 전략 수립 니즈 등이다. 이처럼 다양한
어려움과 마주하게 된다.

물론 해결책이 있다. 브랜딩 전략을 수립해 핵심 메시지를
개발하는 과정을 거친 뒤, 이 메시지를 담아낼 콘텐츠를 제작하
는 과정, 콘텐츠를 확산해줄 채널을 구축하는 과정을 기본으로
진행하면서 기초를 마련하는 것이다. 그 이후 잠재고객을 발굴
할 리드젠 캠페인을 수행하고 고객과의 인게이징 프로그램을
개발하면서 확대해나가면 된다. 여기에 제품 출시를 해보는 제
품 마케팅 경험과 채널사 대상 마케팅 셋업 진행, 분기별 분기
미팅 진행 등의 경험을 추가한다. 그런 경험들을 통해 기업은
하청업체에서 벗어나 고객을 발굴하는 진정한 비즈니스를 할
수 있게 된다.

DIGITAL WAVE

우리 회사는
다이렉트 세일즈와
디지털 마케팅,
준비 완료?

6

디지털과 AI가 주도하는 시대 흐름은 거스를 수 없는 현실이며,

이러한 변화는 누군가에겐 기회이고 누군가에겐 위기다.

변화의 흐름을 거부해 위기로 갈 것인가,

디지털 역량을 키워 시대 흐름을 이끌 것인가?

한국의 B2B 중견·중소기업들은 그 선택의 갈림길에 서 있다.

01 B2B에서 D2C로 진화할 준비를 하라

디지털 시대, AI 시대의 도래는 누군가에겐 기회이고 누군가에겐 위기다. 그래도 걱정할 필요 없다. 고객의 걱정이 있는 곳에는 언제나 그것을 해결해줄 비즈니스가 있으니 말이다.

B2B도 D2C 기업으로 전환할 수 있는 부분이 있다

B2B 기업이 데이터를 스스로 확보할 수 있는 시스템을 만들었다면 이제 한발 더 나아가 D2C 기업으로 진화할 준비를

해야 한다. 그 어떤 시기보다 마케팅 부서의 비즈니스와의 연결성, 매출과의 직접적 연관성이 높아진 시대다. 따라서 이 기회를 더욱 잘 활용할 필요가 있다.

나이키 같은 회사들은 탈 아마존을 선택했다. 데이터를 공유하지 않는 플랫폼에서 지금 당장 제품 몇 개를 더 파는 게 중요하지 않다고 판단했기 때문이다. 그보다는 비즈니스의 연속성을 위해 진짜 중요한 것이 무엇인지를 찾고 실천하는 쪽을 택했다. 데이터를 직접 확보한다는 것은 기업 스스로의 힘으로 잠재고객의 구매 여정을 알게 된다는 뜻이다. 이를 기반으로 모든 기업이 그 어떤 중개인 없이 직접 고객을 만나는 D2C의 시대가 B2C에서뿐만 아니라 B2B에서도 열리고 있다.

앞서 말했던 것처럼 추가적인 인사이트나 컨설팅 없이 제품의 볼륨 판매가 가능한 경우에는 충분히 D2C가 가능하다. 광섬유 및 광케이블을 판매하는 OFS는 웹사이트에 이커머스 기능을 추가하고 D2C를 진행한다. 제품 종류가 너무 많기 때문에 제품 검색 기능까지 제공하면서 직접 판매를 하고 있다. 배송도 걱정 없다. 요즘은 풀필먼트 서비스를 제공하며 물류 전체를 책임져주는 협력사가 많으므로 배송 역시 크게 문제될 것이 없다.

B2B 기업을 위한 알리바바닷컴 활용법

배송 등 골치 아픈 문제를 해결하면서 B2B 글로벌 시장으로 손쉽게 진출하는 방법에는 어떤 것이 있을까? 알리바바닷컴을 이용하는 것도 그중 한 방법이다. 글로벌 무역을 위한 최고의 B2B 전자상거래 플랫폼을 표방하고 있는 알리바바닷컴에서는 원스톱으로 맞춤형 거래를 하기 좋다. 검색에서 풀필먼트, 결제까지 전부 해결되기 때문에 빠르게 해외 거점을 확대하는데 딱이다.

1999년 창립한 알리바바닷컴은 현재 전방위적 대외 무역 서비스를 제공하면서 전 세계 190여 개 국가 및 지역의 바이어와 제조업체를 위한 글로벌 B2B 전자상거래 플랫폼으로 거듭나고 있다. 화장품 무역 기업인 빅파이시앤티BIGPIE C&T는 알리바바닷컴을 활용함으로써 5년 만에 80개 국가 250개 지역의 화장품 전문 바이어로 판로를 확대해 매출을 80배 이상 올렸다. 기존에는 영국, 독일, 네덜란드 등 유럽 바이어들과 직접 거래했는데 유럽 경기가 나빠지면서 한동안 어려움을 겪었다. 그러다 2017년 알리바바닷컴 가입 후 화장품 OEM 생산을 시작했다. 그뿐만이 아니다. 수출 성과를 인정받아 무역협회가 주관하는 무역의 날 행사에서 대통령으로부터 무역진흥공로 표창장도 받았다.

빅파이시엔터가 말하는 알리바바닷컴의 장점은 크게 두 가지다. 첫째, 글로벌 바이어를 타기팅하는 툴을 제공해주기 때문에 자사 제품을 원하는 적합한 바이어를 찾을 수 있다. 둘째, 오프라인 박람회의 10분의 1 가격인 알리바바닷컴의 저렴한 가입비다.

다른 사례도 있다. 부산의 냉동 수산물 판매기업인 엔케이 ENK는 국내 기업 최초로 나이지리아에 냉동 수산물을 수출하는 기업이있다. 또한 대한민국 1호 알리바바닷컴 입점업체인 원단회사 진우텍스Jinwoo Tex는 2002년부터 알리바바닷컴과 함께 해외시장을 개척해 연평균 30퍼센트의 성장을 이뤄내고 있다.

02 디지털 마케팅 역량을 키워야 하는 이유

이처럼 플랫폼을 잘 활용하면 디지털 시대에 쉽게 판로를 확장할 수 있다. 하지만 이때도 디지털 마케팅 기술이 필요하다.

전자상거래에도 디지털 마케팅 기술은 필요하다

알리바바닷컴 해외 비즈니스를 총괄하는 앤드류 정 부대표는 2023년 9월 한국을 방문해 "산업화 시대의 수출 강국 한국이 디지털 트레이딩 시대에도 수출 강국의 자리를 지킬 수 있도록 더 많은 중소기업의 해외 진출을 도울 계획이다."라며 이렇게 덧붙였다. "알리바바닷컴은 각종 교육과 디지털 툴을 제공해 한국의 중소기업들이 자사 디자인 및 제조 능력과 제품성을 해외 시장에 적극 선보여 무역 역량을 강화하는 데 전념할 것이다."

그가 지적한 한국 중소기업들의 문제는 디지털 역량 부족이었다. 한국의 중소기업들은 전통적으로 제조 역량에서 강점을 나타내지만 디지털 역량 부족으로 디지털 전환에 어려움을 겪고 있다는 것이다. 업력이 오래된 중소기업들 대부분이 뛰어난 제품력에 비해 디지털 광고 및 검색어 노출, 디지털 공간에서의 제품 시연 등에 있어서는 경험이 부족한 경우가 많다. 물론 알리바바닷컴 같은 플랫폼 회사가 한국의 B2B 중소기업들의 디지털화 역량 강화를 위해 동반성장 프로그램 등을 통해 지원해주고 있긴 하다. 그렇다 해도 자체 역량 강화에 신경을 써야 한다.

디지털 역량을 키워 차별화 포인트를 만들자

2023년 9월 7일과 8일, 미국 라스베이거스에서 '알리바바닷컴 코크리에이트 2023^{Alibaba.com Co-Create 2023}'이 열렸다. 디지털 트레이딩 시대에 더 많은 셀러와 바이어들이 시너지를 내도록 최신 트렌드와 신뢰할 수 있는 공급망 구축을 위한 파트너십 형성 방안 등을 소개하는 장이었다.

전 세계에서 가장 영향력 있는 셀러들과 1,000여 명 이상의 바이어들이 한자리에 모였다. 그들이 전략적 협력 및 기회를 발굴하는 교류의 장에서 알리바바닷컴은 중소기업들의 디지털 역량 강화의 필요성을 교육하고, 디지털 역량을 높일 수 있는 툴과 서비스를 지속적으로 제공한다고 발표했다. 현재 중소기업들에게 가장 필요한 것이야말로 디지털 마케팅 역량임을 알 수 있는 대목이다.

한국의 중견·중소기업들이 디지털 마케팅 역량만 충분히 갖춘다면, 약 4,700만 이상의 활성 바이어를 대상으로 5,900개 이상 카테고리의 제품을 판매할 수 있다. 그뿐 아니다. 일평균 주문 문의가 40만 건 이상인, 활발한 B2B 마켓플레이스 알리바바닷컴에서 쉽게 바이어를 찾을 수 있다. 2023년 7월 기준으로 1,000개 이상의 한국기업이 플랫폼에 등록했으며 2만 명 이상의 바이어를 대상으로 8만 개 이상의 제품을 판매했다고 한다.

한국의 탁월한 제조 역량을 생각하면 아직도 발굴할 고객은 무한하다. 또한 알리바바닷컴만 있는 것이 아니다. 아마존 비즈니스, 애크미ACME, 커벨 플라스틱Curbell Plastics, 초코미즈Chocomize, 파이어 록Fire Rock, 오버드라이브OverDrive, 퀼Quill 등 산업특화 플랫폼까지 다양하다. 명심해야 할 것은 소피파이Shopify 기반으로 B2C 쇼핑몰을 운영할 때만 디지털 마케팅 역량이 필요한 게 아니라는 점이다. 모든 것을 다 제공해주는 B2B 이커머스 플랫폼 안에서도 디지털 마케팅 역량이 경쟁력이 된다는 사실을 명심해야 한다.

앞서 설명한 웹사이트 구축 후 리드젠 캠페인을 하는 방식이 B2B 기업의 전형적인 디지털 마케팅 기법들이다. 링크드인을 운영하고 유튜브를 운영하는 방법은 디지털이라는 단어를 따로 붙일 필요도 없을 정도로 너무 당연하게 이뤄지는 요즘의 디지털 마케팅이다.

디지털로의 전환은 한두 해 이야기해온 주제가 아니다. 디지털이 훨씬 더 친숙한 MZ 세대들이 B2C 시장은 물론 B2B 시장에서도 의사결정권자가 되면서 모든 기업은 MZ 세대와 새로운 마케팅 및 영업 관계를 구축하기 시작했다. 이런 흐름에 발맞춰 디지털 기반의 새로운 구매자 의사결정 단계에서 MZ 세

하룻밤에 읽는 B2B 마케팅

대가 즐겨 찾는 채널과 좋아하는 메시지로 새로운 접점을 구축해나가고 있다. 하지만 접점 단계를 디지털화하는 과정에서 수단과 목적이 전도되는 경우가 많다.

고객과의 모든 접점을 디지털화하기 위해 소셜미디어 계정을 개설하고, 소셜미디어에서 이벤트를 진행하고 나면 디지털화 준비를 마쳤다고 생각하는 경우가 대표적이다. 유튜브 채널 하나 오픈했다고 디지털 시대를 위한 준비가 완료된 것일까? 절대 그렇지 않다. 디지털이든 아날로그든 상관없이 어떤 상황에서도 고객과의 접점은 '관계를 형성하고 대화를 이어가는 과정'이라는 사실이 가장 중요하다.

유튜브 채널 개설보다 조직의 디지털 네이티브화가 중요

디지털로 전환할 때 가장 중요한 것은 마케팅과 영업의 디지털 네이티브화가 얼마나 진행되고 있느냐는 점이다. 조직이 디지털 네이티브화될 수 있도록 역할과 책임을 정하고, KPI를 세팅해 조직 자체를 디지털 네이티브화하는 일이 유튜브 채널 개설보다 더 우선해야 할 과제다.

디지털 네이티브팀이 되기 위해서는 콘텐츠를 기획 및 제작하는 팀, 채널을 운영 및 관리하는 팀, 잘 만들어진 콘텐츠를 효과적인 채널에 올려 원하는 고객과 대화를 이어갈 수 있도록 캠페인을 기획 및 운영하는 팀이 기본적으로 필요하다. 한 명의 담당자가 유튜브에 올릴 콘텐츠를 기획해 제작하고 광고까지 올리는 것은 지속가능한 디지털 기업으로 거듭나는 데 도움이 되지 않는다. 개인에 대한 지나친 의존도는 조직으로서의 디지털화에 악영향을 미칠 수도 있다. 따라서 조직을 세팅하고, 역할과 책임을 정리해야 한다. 각 역할과 책임별로 KPI를 세팅하는 작업이 디지털 마케팅의 목표와 함께 세워질 때 비로소 디지털화를 향한 항해가 시작된다.

완벽한 플랜은 없다

타깃 오디언스들의 반응을 보면서 조금씩 수정 보완해가는 전략이 필요하다. 완벽하게 준비한다고 해서 기대한 효과를 100퍼센트 얻는 것은 아니다. 왜냐하면 디지털에서는 수용자의 힘이 더 세기 때문이다. 그들이 어떤 콘텐츠에 반응하고 반응이 어떤 방향으로 나올지는 정확히 알 수 없다. 예상한 반응과 전혀 다를 때가 많기 때문에 캠페인 초기부터 A/B테스트를 하면서 조정해나가는 것이 가장 현명한 노하우다.

완벽한 플랜을 수립하겠다는 스트레스에서 벗어나 명확한 목표하에 다양한 시도를 해보자. 시장과 소비자에 맞춰가는 플랜을 준비한다고 생각하면 압박감도 줄어들고 훨씬 더 수월하게 접근할 수 있을 것이다.

03 디지털 마케팅 역량을 키울 때 고려해야 할 것들

앞서 다룬 내용 중 디지털 특성이 많이 담긴 핵심 내용들만 다시 한번 정리해서 살펴보자.

검색광고 vs. 검색최적화

광섬유 및 광케이블 시장은 전통적으로 미국이 주도했던 시장이지만, 현재는 일본과 한국, 최근에는 중국과 인도가 맹추격하고 있다. 이 시장에서는 국가별 특징이 아주 극명하게 나타난다. 세계 1위 기업인 미국의 컴스코프CommScope는 굳이 검색광고를 하지 않는다. 1위 기업이기 때문에 조금만 찾아봐도 누구나 컴스코프를 발견할 수 있다. 컴스코프는 스토리텔링을 통해 세상에 나온 지 수십 년 된 광케이블과 광섬유에 새 옷을 입혀 재조명하는 전략을 쓴다. 이것이 사고적 리더들이 사용하는 세련된 기법이다.

후발주자는 이와 달리 광고를 해야 한다. 중국 제조업체들은 검색광고를 통해서라도 최상위 노출을 함으로써 매출을 유도하고 있다. 시장에서 각자의 포지셔닝을 정확하게 인식하고 이에 맞게 대처하는 것이 필요하다. 그런 과정을 밟아 장기적으로는 스토리텔링하면서 사고적 리더가 될 수 있어야 한다.

검색광고는 키워드 광고인데, 네이버에서는 독특하게 브랜

드 광고라는 제한적인 검색광고를 제공하고 있다. 한국적 상황에서는 검색광고가 채용과도 연결이 된다. 우리 회사의 회사명은 고객만 찾아보는 게 아니라 직원과 직원의 가족들, 구직자들이 모두 찾아보기 때문이다. 네이버에서 검색했을 때 기업 정보가 일목요연하게 찾아지는 회사와 그렇지 않은 회사의 구직자 지원율에는 큰 차이가 있다.

'대퇴직의 시대'를 경험해본 B2B 기업들이 구직난을 해결하기 위해 3~6개월 단기 프로젝트를 많이 요청해온다. 채용이 잘될 수 있도록 네이버상에서 최적화를 해달라는 요청이다. 이때는 검색최적화와 검색광고가 모두 동원된다. 하지만 뭔가 찾을게 있어야 검색엔진의 로봇도 결과를 도출할 수 있다. 기업 정보가 너무 없어서 아무것도 찾을 수 없는 최악의 경우에는 지도 정보와 재무 정보를 공개한다.

검색으로 찾아질 정보가 너무 없다면, 3~6개월 정도를 투자해 부지런히 콘텐츠를 만들어 올리도록 하자. 그렇게만 해도 상당히 큰 변화가 생긴다. 네이버에서 검색 결과가 이전과 완전히 달라지는 것은 물론이고, 인재들의 지원율도 급격히 올라가 HR 부서의 만족도가 높아진다. 직원들 역시 굉장한 자부심을 느낀다. 네이버에서 검색했을 때 아무것도 나오지 않는 회사와 쓸모 있는 자료가 검색되는 회사, 당연히 후자의 경우 회사의 이미지가 좋아질 수밖에 없다. 이처럼 검색 포털 사이트에서 보여지는 우리 회사의 이미지는 그대로 직원의 평판으로 연결되기도 한다.

HR 담당자도 마케팅에서 사용하는 마케팅 퍼널의 개념을 알아야 할 필요가 있다. 지금 당장 눈앞에 있는 대학 졸업생만을 타깃으로 해서는 건강한 구직자 파이프라인을 만들 수 없다. 좀 더 장기적인 관점이 필요하다. HR들도 기업 브랜딩과 마케팅의 관점에서 채용에 접근해야 한다. 지원자들에게 영향을 미칠 수 있는 산업계 종사자와 커뮤니티들, 유관 전공 학부생 및 대학원생, 더 나아가 그들의 부모님과 친구들도 기업 평판을 알리는 대상으로 고려할 필요가 있다.

일반 대중
잠재적인 신청자의 주변인
(부모님과 친구들)

유관 전공 학부생 및 대학원생

커뮤니티 +
산업계 종사자

입사 지원자

검색최적화를 위해서는 보도자료 배포 및 블로그 운영이 필요하다. 검색광고는 돈을 내고 플랫폼에 광고를 하면 된다. 코플랜드구 에머슨일렉트릭의 경우, 본사가 합병과 브랜드 분할을 여러 차례 진행해 시장에서 확고한 포지셔닝이 있음에도 고객들이 브랜드명 때문에 헷갈려 하는 경우가 많았다. 이 문제를 해결하기 위해 장기간 브랜드 광고를 진행했고, 구글과 네이버에 키워드 광고를 지속하면서 웹페이지 유입을 통해 리드젠 캠페인도 함께 진행했다.

코플랜드는 아태지역을 대상으로 AI 광고 플랫폼을 활용해 필리핀, 호주, 인도, 싱가폴, 태국 등에서도 리드젠 캠페인을 자주 진행한다. 광고의 효과는 시장의 특수성과도 관련이 높다. 아시아 지역 전역에서 동일한 캠페인을 하는 것은 전혀 효과적이지 않다.

비주얼과 메시지만 지역에 맞게 바꾼다고 되는 것도 아니기 때문이다. 웹사이트의 컨택폼 및 광고의 유형과도 관련이 높다. 호주와 싱가폴 같은 선진국은 소셜미디어 및 플랫폼을 통한 광고에 크게 반응하지 않았던 반면, 필리핀과 인도 등은 소셜미디어를 활용한 광고 및 프로모션이 더 효과적이었다.

킬러 콘텐츠 다운로드,
제로-파트 데이트 확보를 위한 리드젠이 최고!

B2B 기업의 디지털 마케팅의 핵심은 이게 전부다. 킬러 콘텐츠를 만들어두고, 쿠키리스 시대에 고객이 스스로 자신의 정보를 남기고 콘텐츠를 다운로드하게 만드는 것. 이 과정에서 이 고객들에게 어떤 컨택폼을 제공할 것인지를 결정해야 한다. 너무 자세하면 이탈할 수 있고, 너무 간소하면 데이터로서 가치가 없을 수 있다. 그렇다면 적절한 선은 어디일까?

이때 각종 규제도 확인해야 한다. 한국 개인정보보호법, 유럽 GDPR, 미국 캘리포니아주 CCPA 등 현지의 규제를 모두 고려한 개인정보 동의가 있어야 한다. 시대에 맞게 AI 챗봇을 활용한다면 고객 대응에도 효율적이고 기업 이미지 제고에도 도움이 된다.

이미 웹사이트가 있다면 다음 사항을 중심으로 웹사이트를 점검해보는 시간을 가져보자. 웹사이트에서 견적 요청 링크 찾기의 난이도 점검이 필요하다. 어수선하지 않고 간결한 UX의 웹사이트가 제시되어야 하며, 관심 있는 솔루션을 살펴본 후에는 다음 단계로 진행해 견적 요청 및 솔루션 문의로 쉽게 접근할 수 있어야 한다.

견적 요청 링크는 웹사이트의 메인인 홈페이지와 함께 제품·서비스 설명 페이지에 포함하는 것이 좋다. 실시간 챗봇도 모든 페이지에서 연동될 수 있도록 하자. 또한 백서 및 시장 인사이트 페이지에도 관련 솔루션에 대한 문의 링크가 포함돼야 한다. 'Contact us'에만 컨택폼이 있으면 안 되며 모든 페이지에 유기적으로 연결되어 있어야 한다.

여러 리서치 결과에 따르면, 견적 요청 잠재고객군은 인바운드 통화 고객 다음으로 거래 성사율이 가장 높은 군이다. 따라서 여기에 총력을 기울이는 게 좋다. 견적 요청 링크는 단순하고 간결한 양식으로 구성해야 하며, 쉽게 작성하고 요청할 수 있도록 해야 한다. 더 중요한 것은 견적 요청에 빠르게 대응할 수 있는 프로세스를 내부적으로 갖추는 것이다. 여섯 시간 이내에 대응할 수 있는 방안이 마련되면 가장 좋다.

리드젠의 효과 측정이 결과적으로는 마케팅의 KPI다

마케팅의 연락 정보가 가망고객 기회정보로 전환되는 비율,

가망고객 기회정보가 영업 단계로 전환되는 비율, 영업에서 고객으로 전환되는 비율을 계산해야 한다. 마케팅 연락 정보에서 기회정보로 전환되는 리드를 MQL^{Marketing Qualified Lead}이라고 부른다. MQL 전환율은 확보된 마케팅 개인 연락처 전체에서 ULD 또는 특정 리드 정의에 부합되는 정보를 가진 대상자의 수를 의미한다.

100개의 신규 연락정보 중 20개가 여기에 해당되면, 이는 20퍼센트의 전환율을 의미한다. 해당 전환율이 높을수록 캠페인 대상의 타기팅이 적절했다고 판단할 수 있다. 따라서 마케팅의 캠페인 효과를 측정할 때는 전체 DB 확보 수와 함께 MQL 전환율을 함께 점검해 캠페인의 효율성을 분석해야 한다. MQL에서 영업이 파이프라인으로 등록하고 영업 활동을 전개한 대상자의 기업 수를 집계해 그 수로 마케팅 캠페인 총지출 비용을 나누면 CPL^{Cost Per Lead, 리드당 비율}이 나온다. 결국 CPL로 효율성을 측정하는 것이 가장 일관된 방법이다.

MQL에서 영업이 파이프라인으로 등록해 영업 활동을 시작한 대상자의 기업 수를 SAL^{Sales Accepted Lead}이라고 한다. 이 단계에서는 개인의 DB 수에서 기업의 수로 전환이 이뤄진다. 해당 전환율이 높을수록 가망고객 정의가 적절하다고 판단할 수 있으며, SAL 전환율이 지속적으로 낮을 경우 리드에 대한 정의가 재조정되어야 한다. 기업에 따라서는 MCR^{Marketing Contribution to Revenue}, 마케팅의 최종 영업 기여 금액을 계산하는 경우도 있다.

디지털 마케팅을 돕는 다양한 자동화 툴

다양한 마케팅 활동을 통해 생성되는 데이터베이스(잠재고객 연락 정보)를 효과적으로 관리하기 위해 지원되는 마케팅 솔루션들이 증가하고 있다. 이를 통해 마케팅 담당자는 전략적 마케팅에 집중하면서 디지털 소비자 경험, 디지털 마케팅 집행에 유효한 도구를 활용할 수 있다.

가장 널리 알려진 어도비, 세일즈포스, 구글, 오라클, 허브스팟 등 세계적인 마케팅 클라우드 솔루션 기업들의 클라우드 기반 마케팅 자동화 솔루션을 도입하면, 프로세스 혁신과 마케팅 솔루션 구축에 도움을 받을 수 있다. 마케팅 자동화 솔루션으로는 매출 주기를 관리해주는 마케토^{Marketo}, 캠페인 개발을 지원하는 앨로쿠아^{Eloqua}, 인바운드 마케팅에 최적화된 허브스

팻HubSpot, 이메일 캠페인 자동화를 지원하는 스티비Stibe, 통합 디지털 마케팅을 지원하는 세일즈포스Saleforce, 마케팅 부서 협업을 지원하는 먼데이닷컴Monday.com 등이 있다. 이들은 최근 한국에서 많이 사용하는 대표적인 마테크 솔루션이다.

디지털 광고의 효과를 측정하기 위해서는 애드저스트Adjust 및 앱러빙AppLovin 같은 솔루션을 사용하면 된다. 광고 효과를 배가시키면서 향후 진행을 위한 인사이트 도출에도 도움이 되기 때문에 캠페인을 효과적으로 진행할 때 강력 추천하는 애드테크 솔루션이다.

마테크 솔루션을 도입할 때는 명확한 목표, 조직의 정확한 역할과 책임, KPI&OKR 세팅이 먼저라는 점을 항상 명심해야 한다. 준비되지 않은 조직에게 마케팅 솔루션은 입지 못할 옷일 뿐이다. 2011년에는 150여 개의 마테크 솔루션업체가 있었다. 그러다 무려 9년 만인 2020년에는 5,000개가 넘는 마테크 벤더들이 나타났고, 지금도 계속 늘어나는 중이다. 이처럼 디지털 마케팅 및 디지털 광고, 플랫폼 기반의 인플루언서 시장이 확대되면서 진보된 마케팅을 가능하게 하는 도구와 기술이 폭발적으로 증가하는 추세다.

B2B 마케터들이 지향해야 할 좋은 마케팅 전략은 정량적

인 데이터 분석에 기반한 통찰력 중심의 마케팅 다이내믹, 시시각각 결과화된 데이터를 보며 변화하고 발전하는 빠르고 민첩한Agile 상시 브랜드 마케팅이다. 계속 말해왔듯 정답은 없다. 오로지 고객의 반응을 보면서 계속 최적화해나가며 고객 경험을 개선하고 성과를 얻는 것이 최선이다. 그리고 그것이 디지털 마케팅의 핵심이다. 마케팅 자동화 솔루션은 디지털 혁신을 가속화하는 인프라이자 도구다. 요즘은 AI적인 요소가 가미되어 많은 부분이 자동화되고 있지만, 그래도 세팅과 리뷰에는 인간의 인사이트가 필요하다.

마케팅 자동화와 CRM 통합을 통한 영업과 마케팅 정보를 공유해 보다 유의미한 마케팅 지표를 추적하는 것이 디지털 마케팅을 고도화하는 노하우다. 따라서 마테크 솔루션으로 자동화와 최적화가 되면 그 이후에는 영업 및 재무와 전사적으로 협력할 수 있는 시스템도 함께 사용하는 것이 좋다.

분석 툴 사용 능력보다 데이터를 읽어낼 전문성이 필요하다

이렇게 큰 그림을 먼저 세팅하고 난 후에는 트렌드를 조사해

하룻밤에 읽는 B2B 마케팅

야 한다. 콘텐츠의 트렌드 및 소셜미디어 이용현황 등을 확인해 보면 어떤 채널이 우리 조직에 맞고, 어떤 유형의 콘텐츠를 제공해야 타깃 고객에게 도달할 수 있는지를 이해할 수 있다. 여기에 몇 가지 분석 툴에 대한 공부가 병행된다면 팀 내에 디지털을 도입하는 것이 더 쉬워진다.

분석 툴에서 제공하는 수치들이 주는 의미를 해석해 이를 해당 조직에 맞게 활용하는 일은 조직을 가장 잘 아는 사람이 가장 잘할 수 있다. 디지털 분석 툴이라는 말을 하면 굉장한 거부감과 함께 어려울 것이라는 편견을 내보이는 경우가 많다. 하지만 무조건 겁부터 낼 이유가 없다. 중요한 것은 구슬이 서 말이어도 꿰어야 보배이듯, 그 데이터를 보고 해석해 해당 조직에 맞게 적용하면서 캠페인을 조금씩 조정해나가는 능력이다.

분석 툴을 사용할 수 있는 능력보다 분석 데이터가 왔을 때 이를 해석해낼 수 있는 시장 전문성이 더 필요하다. 해석은 개발자나 엔지니어보다 마케터와 영업자가 더 잘할 수 있다. 해당 시장을 잘 알고 있기에 행간의 의미를 더 정확하게 이해하고 주요 메시지를 더 잘 추출할 수 있는 것이다.

디지털 마케팅을 위한 체크리스트 정리

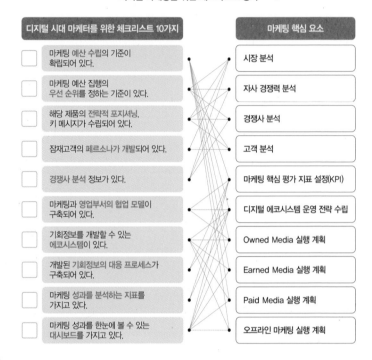

디지털 시대 마케터를 위한 체크리스트 10가지	마케팅 핵심 요소
마케팅 예산 수립의 기준이 확립되어 있다.	시장 분석
마케팅 예산 집행의 우선 순위를 정하는 기준이 있다.	자사 경쟁력 분석
해당 제품의 전략적 포지셔닝, 키 메시지가 수립되어 있다.	경쟁사 분석
잠재고객의 페르소나가 개발되어 있다.	고객 분석
경쟁사 분석 정보가 있다.	마케팅 핵심 평가 지표 설정(KPI)
마케팅과 영업부서의 협업 모델이 구축되어 있다.	디지털 에코시스템 운영 전략 수립
기회정보를 개발할 수 있는 에코시스템이 있다.	Owned Media 실행 계획
개발된 기회정보의 대응 프로세스가 구축되어 있다.	Earned Media 실행 계획
마케팅 성과를 분석하는 지표를 가지고 있다.	Paid Media 실행 계획
마케팅 성과를 한눈에 볼 수 있는 대시보드를 가지고 있다.	오프라인 마케팅 실행 계획

수출 중심 기업이 국가 이미지를 넘어설 수 있는 브랜드로 거듭나기

지금처럼 한국이라는 국가 브랜드가 프리미엄으로 작용한 적은 일찍이 역사에 없었다. 음악과 드라마에서 시작된 한류K-Wave는 뷰티 산업을 비롯해 다양한 산업으로 확대되고 있다. 문화 산업에서 시작된 한류의 이점을 잘 활용하는 것은 매우 중요하다. 하지만 한류에 도취되어 수출기업들이 현지화를 고려하지 않는다면 큰 문제가 생길 수 있다.

모든 국가는 인접한 국가와 오랜 역사를 두고 깊은 앙금이 있는 동시에 서로 협력하지 않고는 존속할 수 없는 긴밀한 관계다. 이러한 관계는 전 세계로 확대되고 있으며, 인접 국가 외에도 많은 나라와 협력과 경쟁을 하지 않고는 존재할 수 없는 상황이다. 심지어는 자국의 정책이 아니라 강대국들의 정치적 역학 관계와 정책 변화가 개별 국가, 기업, 국민의 삶에 여러 가지 형태로 영향을 미치는 유기적인 환경에 살고 있다.

기업과 브랜드의 관점에서 보자면 이러한 외부요인이 기업의 공급망 확보, 생산의 효율성, 더 나아가 매출과 순이익에 지대한 영향을 미치고 있다. 커뮤니케이션 관점에서 보면 어떨까? 2024년은 전 세계적으로 선거가 지속적으로 진행될 예정이며 그 선거의 결과들이 브랜드의 활동과 매출에 영향을 미칠 것으로 예상된다. 따라서 모든 브랜드가 다시 한번 자신의 브랜드를 점검할 필요가 있다. 국가 간 경쟁이 첨예할뿐더러 전 세계적으로 국지전이 끊이지 않는 환경에서 브랜드가 국가의 이미지를 넘어 진정한 글로벌 브랜드로 자리 잡고 있는지 확인해야 한다.

국가의 이미지를 넘어 독자적 브랜드 아이덴티티를 확립한 세 가지 성공사례를 살펴보자.

사례 1 샤오미
제품 판매에서 벗어나 세상에 기여하려는 비전부터 공유하라!

한국은 인접 국가인 중국, 일본과 미묘한 감정적 신경전을 벌이곤 한다. 그래서 가끔은 'No Japan' 캠페인이, 가끔은 'Anti-China' 움직임이 있다. 이를 잘 반영해주는 것이 맥주 판매 순위인데 'No Japan' 기간에는 중국의 칭다오 맥주 판매량이 급증하다가 'Anti-China' 분위기가 퍼지면 아사히 맥주 판매량이 급증한다. 물론 분위기와 현실은 다르다. 한국인이 가장 많이 찾는 해외 관광지는 일본이며, 무역을 가장 많이 하는 나라는 중국이다.

미묘한 신경전이 일어나는 시기에도 매출이 흔들리지 않는 브랜드가 되기 위해서는 비전이 필요하다. 대표적인 브랜드가 샤오미Xiaomi로, 이 브랜드는 비전과 전략 덕분에 분위기에 영향을 받지 않는다. 샤오미는 "혁신 기술로 정직한 가격의 놀라운 제품을 제공해 전 세계 모든 사람이 더 나은 삶을 누리도록 한다(Amazing products with honest prices to let everyone in the world enjoy a better life through innovative technology)."라는 확고한 비전을 갖고 있다. 여기에 'Just for Fans'라는 전략으로 대부분의 중국 브랜드들이 안고 있는 '저렴한 제품을 파는 중국 브랜드'라는 이미지를 넘어설 수 있었다.

하룻밤에 읽는 B2B 마케팅

샤오미는 중국 브랜드가 아닌 팬들의 소리에 귀를 기울이는 정직하고 혁신적이고 친근한 기업이라는 이미지를 확고히 구축했다. 그 덕분에 한국 내에서 한중 관계, 미중 관계의 변화에도 매출에 영향을 받지 않는 수준의 브랜드로 성장했다. 이는 진출 초기부터 제품 중심의 MPR과 함께 기업의 비전을 공유하는 CPR 및 팬 커뮤니티 구축에 노력하며 소통한 결과다.

사례 2 코닝과 알리익스프레스
친구가 되고 싶다는 의지를 적극적으로 표명하라!

현지화를 할 의지가 얼마나 있는지를 대외적으로 보여주는 것도 중요하다. 외국 기업이 특정 국가에 진출하면, 언론과 국민은 두 가지를 생각한다. 투자를 통해 서로 성장의 기회를 제공하는 친구일까? 아니면 제품을 판매하고 돈만 벌어가려는 판매자일까?

후자로 인식될 경우 불매운동을 비롯해 다양한 문제가 야기된다. 한국의 친구라는 이미지를 확고히 하고 있는 대표 브랜드 중에는 미국기업 코닝이 있다. 한국 진출 후 50년간 B2B 기업으로서 한국기업들과 긴밀한 협력 관계를 공고히 유지하는 중이다. 2023년 진행된 한국 진출 50주년 행사에서는 삼성전자로부터 '고마운 친구'라는 확고한 지지를 얻으며 지역사회 성장의 동반자라는 이미지를 확실히 굳히기도 했다.

또 다른 케이스로 직구 플랫폼 기업인 알리익스프레스AliExpress가 있다. 알리익스프레스는 2023년 3월 한국에 공식 론칭한 이후, 2023년 하반기 가장 많이 다운로드된 앱이라는 명성을 얻으며 빠른 성장세를 보였다. 하지만 빠른 성장세는 경쟁사 및 경쟁 국가로부터 많은 견제를 받게 만들기도 한다. 이러한 견제 속에서도 적극적으로 대응하는 알리익스프레스의 모습은 친구가 되려 한다는 의지로 받아들여진다.

한국에서 알리익스프레스는 저렴한 제품을 찾기 위해 사용하는 플랫폼이 아니라 '나는 직구도 한다'는 걸 보여주는 라이프스타일앱으로 포지셔닝되어 있다. 필요해서가 아니라 재미 삼아 한번 시장을 돌아보듯 매일 열어보고 살펴보는 앱으로 자리 잡은 것이다. 미국기업 코닝과 중국기업 알리익스프레스의 성과는 혁신기업이자 지역사회 동반자라는 메시지로 CPR 활동을 꾸준히 한 결과다.

사례 3 알칸타라
브랜드 정체성을 확고하게 유지하고, 지속적으로 소통하라!

브랜드의 정체성은 국가적 요소가 있든 없든 브랜드 고유의 장점을 일관되게 유지하는 것이 매우 중요하다. 예를 들어 알칸타라Alcantara 는 한국 미디어와의 인터뷰마다 "메이드 인 이탈리아Made in Italy여야만 명품이다."라는 메시지를 강조한다. 브랜드 고유의 장인정신과 이탈리아 현지 공장의 친환경적 운영에 대해 강조하며 기자들의 신뢰를 얻고 있다. 2009년 유럽 최초로 탄소 중립성 인증TUV을 받은 브랜드의 자부심을 기반으로 일관되게 소통해 친환경 고급 소재 이미지를 확고히 굳혔다. 미국의 대표 맥주인 버드와이저도 한국에서 수년간 음악 아티스트와 협업해 가장 아티스틱한 맥주 브랜드로 한국 내에서 확고히 자리 잡았다.

브랜드의 역사가 아무리 길어도 국가의 역사보다 길지는 않다. 때문에 특정 지역에서 각 국가의 브랜드는 원하든 원하지 않든 특정한 편견과 마주할 수밖에 없다. 하지만 이를 극복할 방법이 있다. 전 세계를 위한 친화적 비전을 강조하고, 그 지역에 도움을 주고자 하는 확고한 의지를 적극적으로 표명하면서 일관되게 소통하는 것이다. 그렇게 한다면 그 브랜드는 국가의 이미지를 넘어 전 세계에서 팬덤을 만들 수 있다.

영업은 마케터가,
마케터는 영업이 돼야 하는 시대

영업의 달인에게 들은 인상적인 이야기 두 가지가 있다. 하나는 "영업도 전문직인데, 영업의 전문성을 세상이 간과한다."는 것이다. 다른 하나는 "사회에 나오면 결국 반 이상이 영업을 하는데, 학교에서는 이 중요한 영업을 안 가르쳐준다. 국영수보다 중요한 게 영업의 기술인데 무방비 상태로 사회에 진출한다."는 것이다.

두 가지 모두 정말 맞는 말이다. 회사에서는 신입사원을 뽑아 영업부서에 배치하고, 영업이란 무엇인가부터 가르쳐 전문가로 육성해야 한다. 사실 영업부서라고 이름을 붙이지 않아도 모든 부서가 매출을 창출하기 위해 일하고 있지 않은가. 결국 회사에서 일하는 모두가 알고 보면 영업을 수행한다.

그렇다면 비즈니스는 영업일까? 피터 드러커 같은 경영학의 구루가 들으면 펄쩍 뛸 말이다. 피터 드러커는 "비즈니스의 목적은 고객 창출이며, 비즈니스의 가장 중요한 두 가지 기능은 혁신과 마케팅이다. 마케팅과 혁신은 성과를 만들어내고, 나머지는 모두 비용이다."라고 말했다. 원문을 그대로 옮겨보면 다음과 같다.

"Because the purpose of business is to create a customer, the business enterprise has two-and only two-basic functions: marketing and innovation. Marketing and innovation produce results; all the rest are costs. Marketing is the distinguishing, unique function of the business."

회사에서 영업과 마케팅의 관계를 생각하면 쉽게 받아들이기 힘든 부분이다. 협력하는 듯 보이지만 경쟁하고, 잘 되면 내 덕이고 못 되면 남 탓하는 관계가 바로 영업과 마케팅의 본질적 관계다. 그렇다면 비즈니스는 영업일까? 아니면 마케팅일까?

뉴노멀 시대, 일상뿐 아니라 비즈니스 관행도 변한다

코로나 이후, 뉴노멀 시대가 도래하면서 그동안 당연시되던 역할과 관계 등이 빠르게 변하고 있다. 모든 사내 규칙을 무의미하게 만드는 전능하신 '고객님'을 만나는 방식이 바뀌었다. 그러다 보니 철옹성 같았던 B2B 영업의 위상과 역할도 변하고 있다. B2C 기업들이 D2C를 지향하면서 고객과 더 가까이 더 직접적으로 소통하기 시작했다. 마찬가지로 B2B 비즈니스에서도 가상 공간에서 고객과의 직접적인 소통이 늘어나는 중이다.

어디까지가 고객 발굴인 마케팅의 영역이고, 어디부터가 고객 영입이라는 영업의 영역이며, 어디부터가 고객 서비스의 영역일까? 그 구분이 모호해지고 있다. 세상이 변하고 시장이 변했기에 그럴 수밖에 없다. 이제 마케팅, 영업, 서비스 부서의 역할과 경계가 명확하지 않은 채 통합되는 새로운 융합의 비즈니스 시대가 열리고 있다.

데이터 기반으로 비즈니스를 하는 시대가 왔고, AI와 RPA로 대변되는 자동화는 비즈니스의 일부다. 데이터를 분석하고 적합한 캠페인을 구상하며, 해당 응답자들의 관심을 끝까지 추적

하룻밤에 읽는 B2B 마케팅

해 잠재고객을 넘어 진짜 주문을 하는 고객으로 만들 수 있는 캠페인을 구상하고 영업하는 마케터가 필요하다.

영업도 마찬가지다. B2C뿐만 아니라 B2B 고객들도 67퍼센트 이상이 이미 구매 의사를 스스로 결정한 후 영업을 접한다. 이제는 이러한 사실을 인정해야 한다. 영업의 소개로 전혀 몰랐던 사실을 고객이 알게 되거나, 영업자가 가지고 온 자료가 너무 기발하다고 생각해 도입하는 일은 디지털 시대에는 드물다.

대면을 통해 인적 네트워크를 개발하던 시대는 저물어가고 있다. 이제는 링크드인과 같은 소셜미디어를 통해 인적 네트워크를 개발하고, 본인의 인사이트를 공유하며, 유사한 산업의 종사자끼리 그룹에 참여한다. 이러한 '소셜 셀링' 기법을 시장이 요구하고 있다. 말 그대로 대면이 비대면으로 급변하고 있는 것이다.

우리의 고객은 이미 해당 시장에 존재하는 콘텐츠들을 조사하고 해당 업체들의 평판을 분석한 후 연락한다. 그러니 잠재고객에게 어떻게 접근하는 것이 좋을지 마케터와 미리미리 상의하는 것이 필수다. 마케터의 눈으로, 고객의 입장으로 시장을 보는 영업이 필요한 시대다.

다시 기본으로, 진정한 비즈니스는 고객 창출

피터 드러커가 말한 혁신과 마케팅에서 마케팅은 마케팅만을 의미하는 것이 아니다. 영업과 마케팅 두 가지 모두를 말한다. 그 둘이 협력해 고객을 창출할 때 비즈니스는 연속성이 생긴다. 비즈니스가 연속성을 갖기 위해서는 결국 모든 프로세스가 자동화돼야 한다. 그 자동화의 궁극적인 목표가 고객 창출이다. 고객창출을 하는 프로세스가 기업 내에 자동화돼 있는지, 역할이 제대로 분담돼 있는지 알아야 한다. 서로가 협력하면서 시너지를 내고 있는지 검토해야 할 때다.

또한 AI가 우리 삶 깊숙이 들어왔다는 점도 감안하자. 생성형 AI가 소셜미디어에 올릴 양질의 콘텐츠도 만들고, 웹사이트에 올릴 긴 콘텐츠도 만들 수 있다. 머잖아 유튜브 영상도 만들 것이며 수준 높은 콘텐츠를 제작하게 될 것이다. 그뿐 아니다. 이미 AI 챗봇이 웹사이트에 들어온 고객과 상담하고, 고객의 니즈를 파악해 제품을 추천하고 있다. 고객의 디지털 구매 여정이라는 큰 그림을 보면서 AI 툴을 잘 활용해 고객을 더 빠르고 더 정확하게 창출해 나가야 할 때다.

한국의 중견·중소기업들이 납기를 잘 맞추는 하청업체가 되는 것에 비즈니스의 궁극적인 목적을 두지 않기를 바란다. 이제는 스스로 고객을 창출할 수 있는 시스템을 마련하는 데 목표를 두고, 디지털 및 AI 시대에 맞는 방법으로 고객 창출을 해야한다. 이를 위해 마케터와 영업이 효율적으로 협업할 수 있는 조직을 구축해나가기를 바란다.

B2B
Marketing
School

B2B는
마케팅이다!

어디서부터 시작할지 막막한 **B2B 마케팅**
전략부터 실행까지 당신의 비즈니스를
함께 성장시켜줄 **올해의 필수 교육**

*B2B 마케팅 스쿨

★★★★★
4주 교육 후
우리 회사 연간 마케팅 플랜이
내 손안에 쏙!

● **25년 글로벌 B2B 마케팅 전문가**
● 앨리슨하이퍼앰
정민아 대표

AI 시대 준비된 마케팅으로 **퀀텀 점프 기회**를 잡자
B2B 마케팅 스쿨

25년 글로벌 B2B 마케팅 경험을 응축한
4주차 속성 핸즈온 교육으로 **실전 스킬 업!**

───── 커리큘럼

1주 차 **나는 B2B 마케터다. 마케터는 전략가다.**

- B2B 마케터의 R&R
- 마케터는 지휘자다
- 마케팅 플랜 개발 및 작성법

연간 마케팅 플랜 작성에
자신감을 선사해드립니다.
기업, 제품, 시장에
딱 맞는 마케팅 전략을
바로 수립할 수 있습니다.

2주 차 **나는 브랜드 전문가다. B2B도 브랜딩 시대다.**

- 전략 수립 방법론
- 마케팅 전략 수립 A to Z
- CVP 및 포지셔닝 도출 방법론
- 키메시지 개발

B2B 브랜드 전쟁 시대,
경쟁우위를 점하기 위한
기업의 핵심 브랜드 전략과
포지셔닝 도출을
할 수 있습니다.

3주 차 **나는 콘텐츠 기획자다. 콘텐츠가 고객을 이끈다.**

- 콘텐츠 마케팅 이론과 실제
- 소셜미디어 운영 방법론
- 플랫폼별 장단점 분석 및 우리 회사를 위한
  최적화 플랫폼 선정 방법론

콘텐츠 마케팅을 기획하고,
우리 회사의 소셜미디어를
목적에 맞게
운영할 수 있습니다.

4주 차 **나는 디지털 마케터다. 마케팅은 숫자다.**

- 리드젠 캠페인 기획
- 집행 미디어 발굴
- CTA, CTR, ROAS 계산법
- 캠페인 활용 툴
- ROI 분석 방법론
- 결과 보고서 작성법 및 보고의 달인되기

잠재고객을 발굴하고,
고객을 확보할 수 있습니다.
또한 마케팅 캠페인의
결과 보고서를
멋지게 작성할 수 있습니다.

⟶

지금 바로 등록하세요!

글로벌기업으로 지속 성장하기 위한 5가지 질문

하룻밤에 읽는 B2B 마케팅

초판 1쇄 발행 2024년 5월 28일
초판 3쇄 발행 2024년 6월 12일

지은이 정민아
펴낸이 조자경

편 집 최서윤
디자인 김현진
마케팅 이승재
제 작 김정배

펴낸곳 (주)헤컴 단행본 브랜드 블루오마주
출판등록 2020년 4월 16일 제2020-000056호
주소 서울 영등포구 양평로 30길 14 세종앤까뮤스퀘어 1002호
전화 02)2628-7890 **이메일** hanna126@hanmail.net

ISBN 979-11-970306-4-2 03320